Pierre Léoutre

La Corse

La Corse

Écrire sur la Corse, le pays de mes grands-parents et de mon père, n'est pas évident. L'Île de Beauté a déjà inspiré nombre d'ouvrages de qualité et le récit de mes souvenirs personnels n'a pas d'intérêt ici. Quand je viens en Corse, ce que j'ai fait régulièrement toute ma vie, je me contente de vivre tranquillement au sein de la population de mon village de Venaco et je contemple sans me lasser les paysages magnifiques.

J'ai pourtant toujours ressenti le besoin de laisser une trace livresque de ma relation forte avec la Corse. La Corse, cela ne s'explique pas, cela se vit, intensément, et, parfois, cela se partage.

L'occasion m'en a été donnée au hasard d'une rencontre sur un marché du continent, avec une compatriote corse qui vendait des livres, en particulier un petit ouvrage d'Adolphe Joanne sur la géographie de la Corse, publié en 1884 (deuxième édition) : un inventaire presque exhaustif, complété d'une « carte colorée » et de dix gravures des principales communes corses.

Portrait d'Adolphe Joanne, Fernand Lochard - Bibliotł en ligne Gallica (ARK btv1b8451005t), 31 décembre 880.

L'éminent journaliste et homme de lettres français réalisait un travail méticuleux et attachant, que j'ai souhaité rééditer pour redonner une audience à ce texte qui nous raconte la Corse il y a près de 150 ans. Beaucoup de choses ont évolué depuis, bien évidemment, et nous sommes loin ici d'un guide touristique. Mais les mots de la Corse sont toujours là, et dans une contrée authentique et fidèle, ils conservent tout leur sens et toute leur saveur. Ils nous invitent encore à voyager dans l'Île de Beauté, ses microrégions diversifiées et toujours belles.

Pierre Léoutre

ADOLPHE JOANNE

GÉOGRAPHIE

DE

LA CORSE

11 gravures et une carte

HACHETTE ET Cie

GÉOGRAPHIE

DU DÉPARTEMENT

DE

LA CORSE

AVEC UNE CARTE COLORIÉE ET 10 GRAVURES

PAR

ADOLPHE JOANNE

AUTEUR DU DICTIONNAIRE GÉOGRAPHIQUE ET DE L'ITINÉRAIRE
GÉNÉRAL DE LA FRANCE

DEUXIÈME ÉDITION

PARIS

LIBRAIRIE HACHETTE ET Cie

79, BOULEVARD SAINT-GERMAIN, 79

—

1884

Droits de traduction et de reproduction réservés

TABLE DES MATIÈRES

DÉPARTEMENT DE LA CORSE

I	1	Nom, formation, situation, limites, superficie.	3
II	2	Physionomie générale.	4
III	3	Cours d'eau; lacs et étangs.	12
IV	4	Climat.	18
V	5	Curiosités naturelles.	20
VI	6	Histoire.	23
VII	7	Personnages célèbres.	33
VIII	8	Population, langues, cultes, instruction publique.	36
IX	9	Divisions administratives.	37
X	10	Agriculture.	41
XI	11	Industrie, mines, eaux minérales.	44
XII	12	Commerce, chemins de fer, routes.	47
XIII	13	Dictionnaire des communes.	48

LISTE DES GRAVURES

1	Ajaccio.	7
2	Bastia	11
3	Saint-Florent	14
4	Calvi.	15
5	Bonifacio.	21
6	Corte.	29
7	Cervione	53
8	Olmeto.	55
9	Sartène.	57
10	Vico.	59

9450. — Imprimerie A. Lahure, rue de Fleurus, 9, à Paris.

DÉPARTEMENT

DE

LA CORSE

I. — Nom, formation, situation, limites, superficie.

Le département de la Corse doit son nom à l'île de Corse. Lors de la division de la France en départements (1790), la Corse ne forma d'abord qu'un seul département, divisé en neuf districts, ayant pour chefs-lieux : Bastia, Oletta, l'Ile-Rousse, la Porta-d'Ampugnani, Corte, Cervione, Ajaccio, Vico et Tallano. Par un décret du 11 août 1793, la Convention divisa la Corse en deux départements : le département du Golo avec les districts de Bastia, Calvi et Corte, et le département du Liamone, avec les districts d'Ajaccio, de Vico et de Sartène, Plus tard, par un sénatus-consulte du 19 avril 1811, ces deux départements furent réunis en un seul, qui prit le nom de département de la Corse, avec Ajaccio pour chef-lieu.

La Corse est située au sud-est de la France, à l'ouest de l'Italie, au nord de la Sardaigne. Elle est à 180 kilomètres environ de la France, à 460 de l'Algérie, à 600 de l'Espagne, entre 41° 24' 4" et 43° 0' 42" de latitude, et entre 6° 11' 47" et 7° 11' 6" de longitude orientale.

Elle a pour limites : au nord et à l'ouest, la Méditerranée, qui la sépare de la France ; au sud, le détroit de Bonifacio, qui la sépare de la Sardaigne, dont elle n'est éloignée que de 11 kilomètres ; à l'est, la mer de Toscane, qui la sépare de l'Italie, dont elle est éloignée de 80 kilomètres.

La superficie totale de la Corse est de 874,741 hectares. Cinq départements seulement ont une étendue plus considérable : ce sont ceux de la Gironde, des Landes, de la Dordogne, de l'Aveyron et de la Côte-d'Or. C'est la plus grande Île de la Méditerranée après la Sicile et la Sardaigne. Elle a la forme d'une ellipse irrégulière dont le grand axe est dirigé du nord au sud. Sa plus grande longueur, — de l'extrémité du Cap Corse aux Bouches de Bonifacio, — est de 183 kilomètres ; sa plus grande largeur, — du cap Rosso, près de Piana, à l'ouest, à la Tour du Bravone, à l'est, — est de 84 kilomètres. Son pourtour, très sinueux, très découpé sur la côte méridionale, plus régulier sur la côte orientale, est d'environ 480 à 490 kilomètres, en ne tenant pas compte des sinuosités secondaires.

II. — Physionomie générale.

La Corse est, sans aucun doute, la plus belle île de la Méditerranée. Après mes quinze printemps de voyages dans la mer historique, je n'en ai trouvé aucune qui puisse lui être comparée. » Ainsi s'exprime le docteur Bennet, qui a beaucoup contribué à attirer ses compatriotes anglais à Ajaccio et dans l'Île.

De même que l'Irlande, la Corse pourrait être surnommée l'Ile-Verte : ses maquis, ses châtaigneraies, ses bois d'oliviers, ses grandioses forêts d'arbres résineux, de hêtres, de chênes verts, la recouvrent d'un immense manteau de verdure. Nulle terre n'est plus parfumée : au printemps, les bruyères blanches, puis les cistes et les genêts d'Espagne ; en été, les myrtes, les thyms, les chèvrefeuilles, etc., embaument l'atmosphère.

Ajaccio.

Le maquis (macchie, broussaille) n'est pas particulier à la Corse : les garrigues du Gard et de l'Hérault, les taillis des Maures et de l'Esterel, où les lentisques, l'arbousier et la bruyère arborescente se mêlent aux cistes et aux chênes verts, sont de véritables maquis : mais, dans aucun autre département français, la broussaille n'a envahi des territoires d'aussi grande étendue. Ces fourrés, où les arbustes atteignent la taille de petits arbres, ont autrefois protégé l'indépendance corse en offrant aux habitants des refuges impénétrables. Aujourd'hui encore ils sont, à d'autres titres, la sauvegarde du pays : le maquis, ne laissant que lentement s'écouler les eaux pluviales et ombrageant le sol de son épaisse draperie, entretient la fraîcheur du sol et sauve la terre végétale du soleil qui la calcinerait, du vent qui la disperserait, des eaux d'orage qui bientôt ne laisseraient que le rocher. Dépouillée de ses maquis, la Corse deviendrait promptement un désert ; grâce à eux, au contraire, rien n'est plus rare que de rencontrer une de ces pentes dénudées, de ces hideux arrachements de terrain que l'on voit trop souvent dans les Alpes où dans les Pyrénées. Plus haut que le maquis sont les forêts, dominées par des arêtes taillées en aiguilles ou par de grandes montagnes couvertes de neige jusqu'à la fin de l'été, et magnifiques d'aspect vues de la côte ou de la mer.

C'est seulement par l'étude de l'hydrographie terrestre de l'île que l'on peut arriver à avoir une idée d'ensemble, claire et nette, de son orographie. Au premier regard jeté sur une carte de la Corse, il semble voir un chaos de montagnes ; mais si l'on remonte le cours des fleuves ou rivières jusqu'à leurs sources, on reconnaît assez rapidement la ligne de partage des eaux et on voit qu'une seule chaîne courant, avec de nombreuses flexions, du nord-est au sud-ouest, divise l'Île en deux parties inégales : les versants de l'ouest et du sud, renfermant environ 350,000 hectares (ancienne province d'Au-delà des Monts), et les versants de l'est et du nord, avec environ 520,000 hectares (ancienne province d'En-deçà des Monts).

De la chaîne ou arête centrale partent de nombreux chaînons secondaires, parfois très élevés et presque toujours très ramifiés, se dirigeant plus ou moins directement vers la mer.

Entre ces chaînons, formant des hémicycles, sont une infinité de petits bassins de fleuves, rivières ou ruisseaux côtiers, ayant leurs affluents et leurs sous-affluents, et très différents d'aspect selon leur plus ou moins d'éloignement de la mer, selon leur orientation, selon leur altitude.

Au nord, on trouve d'abord un long éperon rocheux qui s'avance bien avant dans la mer, et qui vient se rattacher au reste de l'île entre Saint-Florent, à l'ouest, et Bastia, à l'est.

Cette partie de l'île s'appelle le Cap Corse. C'est une presqu'île étroite et allongée, qui s'étend sur une longueur de 40 kilomètres environ à vol d'oiseau, et sur une largeur moyenne de 12 à 15 kilomètres. C'est une des parties les plus riches de la Corse, grâce à la variété de ses cultures et à l'industrie des habitants, et aussi grâce aux capitaux considérables rapportés par ceux de ces habitants qui vont chercher fortune dans l'Amérique du Sud.

Une belle route carrossable fait le tour du Cap Corse. Chaque commune du Gap occupe le territoire d'un petit bassin fluvial, assez large et profond sur le versant oriental, très étroit et très resserré sur le versant occidental, mais partout cultivé. Là où la terre manque, les habitants ont établi des terrasses protégées du vent de mer par des paillassons de bruyères. Les arbres fruitiers, les cédratiers, les oliviers, les vignes y prospèrent, et le vin capiteux du Cap Corse était vendu dès le dix-huitième siècle comme vin d'Espagne. Les nombreux hameaux qui forment les communes sont charmants ou très pittoresques : Rogliano, perdu dans les châtaigniers, Nonza, perché sur un rocher, Canari, Centuri, etc. Chacune des communes à sa petite marine en bas, ses pâturages en haut sur la montagne. Parmi les points principaux de cette chaîne est la Punta della Torricella (544 mètres), au-dessus de Centuri, près de l'extrémité du Cap Corse ; la chaîne s'élève rapidement, et, au Monte Alticcione, au-dessus de Cagnano, elle atteint 1,138 mètres ; au Monte Stello, entre Brando et Nonza, 1,305 mètres ; elle s'abaisse ensuite à la Serra di Pigno (957 mètres), entre Bastia et Saint-Florent.

La chaîne s'incurve ensuite vers le sud-ouest. Les sommets principaux sont, en allant vers le sud-ouest : le Monte Grosso (1,941 mètres), le Monte Ladroncello (2,144 mètres), le Monte Vagliorba (2,525 mètres), qui est considéré comme le nœud du système orographique corse. — De nombreuses ramifications se détachent à l'est et à l'ouest de cette chaîne, à partir de Pietralba, et forment de profondes vallées où coulent des torrents. Un premier rameau se dirige à l'ouest sous le nom de Serra di Tenda et a pour point le plus élevé le Monte Asto (1,533 mètres) ; il se continue par le Monte Ruya, et va finir à la côte, près de Serizola. — Un autre, qui a sa racine entre le Monte Ladroncello et le Monte Cinto, se dirige vers le nord-ouest ; ses points culminants sont Capo alla Mutrella et le Capo Barcalello ; il va finir à la Punta Revellata, à l'ouest du golfe de Calvi. — Un dernier rameau, s'écartant de la chaîne un peu au-dessous du Vagliorba, se termine, à l'ouest, à la presqu'île de Girolata, au nord du golfe de Porto ; son point culminant est le Capo alla Madia (1,621 mètres). — D'autres rameaux se détachent vers l'est : un premier, qui part des environs de Lento, va se terminer à Murato ; son point culminant est la Cima dei Taffoni (1,117 mètres) ; — un second part du Monte Ladroncello et va finir à Moltifao ; son point culminant est le Monte Padro (2,393 mètres) ; un dernier rameau, se détachant au-dessus du Vagliorba, se dirige du sud-ouest au nord-est ; son point le plus élevé est me Monte Cinto (2,710 mètres), point culminant de l'Île ; il forme ensuite le Monte Traunato (2,130 mètres), et s'abaisse vers Ponte-alla-Leccia.

La grande chaîne se continue au sud du Monte Vagliorba et traverse le centre de l'Île ; elle prend dans cette partie le nom de chaîne centrale. Ses sommets principaux sont, du nord au sud : le Monte Tafonato (2,343 mètres), le Monte d'Oro (2 391 mètres), au-dessous duquel se trouve la dépression du col de Vizzavona (1,162 mètres), entre Bocognano et Vivario, point culminant de la route d'Ajaccio à Bastia ; le Monte Renoso (2,357 mètres) et le Monte Incudine (2,136 mètres). C'est sur cette chaîne ou sur ses contreforts que prennent naissance les plus grandes rivières de l'île ; elle est couverte de neige pendant une grande partie de l'année. — De nombreux chaînons se ramifient à l'ouest et à l'est. Citons à l'ouest un rameau qui a pour point culminant la Punta Lincinosa (1,511 mètres), et qui envoie de nombreuses branches entre les golfes de Porto et de Sagone. Un autre rameau, qui a pour point culminant le Monte Cervello, vient finir au-dessus de Murzo, près de Vico. Un troisième, qui se détache du Monte d'Oro, se dirige vers le sud-ouest et a pour point culminant la Punta di Sant' Eliseo ; il vient se terminer au Capo di Feno, au nord d'Ajaccio. Un autre chaînon part du Monte Renoso, et, se dirigeant vers le sud-ouest, a pour point culminant la Punta Serale et va finir à la Fontanaccia, dans le golfe d'Ajaccio. Un dernier rameau se détache du Monte Don Giovanni et a pour points culminants le Monte Mantelluccio (1,681 mètres) et la Panta del Ballatoso ; il va mourir au Capo di Muro et au Capo Nero, au sud du golfe d'Ajaccio.

Plusieurs arêtes se détachent à l'est de la chaîne centrale. Un premier rameau, allant du nord-ouest au nord-est, a pour points culminants le Monte Artica (2,329 mètres), qui domine le vaste plateau central du Niolo, et le Monte Conia ; il s'abaisse au nord-ouest de Corte, et se relève de nouveau à l'est de cette ville, où il a pour points culminants le Monte : Alluraya, le Monte Mufraggia et le Monte Piata. Un autre rameau, incliné dans la direction du sud-ouest au nord-est, a pour point culminant le Monte Rotondo (2,615 mètres). Un troisième quitte la grande chaîne au nord du Monte Renoso et se dirige du sud au nord ; il s'abaisse vers Vezzani et Rospigliani. Citons encore, à l'est du Monte Don Giovanni, la Serra del Prato, qui se dirige du sud au nord, et s'abaisse vers Lugo di Nazza et Ghisoni. Le Monte Incudine envoie de nombreuses ramifications dans toutes les directions, mais surtout au sud.

La troisième partie de la chaîne principale part du Monte Incudine et se dirige du nord au sud. Ses points les plus élevés sont : la Punta Tintinnaja (2,029 mètres) ; les grandes aiguilles granitiques d'Asinao et de Bavella ; la Punta della Vacca Morta (1315 mètres) et le petit massif de Montagnes de Cagna, à l'ouest de Bonifacio.

De nombreux rameaux se détachent à l'est et à l'ouest de cette partie de la chaîne et forment, surtout vers l'ouest, plusieurs vallées très accidentées. À l'ouest, l'Incudine envoie un prolongement qui a pour points principaux la Punta Furchicciole et la Punta Boturetto.

La haute barrière de l'arête centrale et les ramifications de la chaîne ont de nombreuses dépressions, qui permettent de communiquer d'une vallée à l'autre. Les cols, fosses ou bouches, souvent fort élevés, sont franchis par des routes carrossables ou muletières. Nous citerons seulement quelques-uns des cols les plus importants : le col de la Serra (361 mètres) et le col de Santa Lucia (417 mètres), dans le Cap Corse ; le col de Teghime (541 mètres) et le col de San Stephano (379 mètres), entre Bastia et Saint-Florent ; le col de San Colombano (682 mètres), entre Calvi et Ponte-alla-Leccia ; le col del Prato de Morosaglia (974 mètres), entre Ponte-alla-Leccia et Piedicroce d'Orezza ; le col de San-Petro-de-Venaco (781 mètres), entre Corte et Vivario ; le col di Vizzavona (1,162 mètres), que traverse en tunnel le chemin de fer d'Ajaccio à Bastia ; le col de Sorba (1,314 mètres), entre Vivario et Ghisoni, et le col de Verde (1,345 mètres), entre Ghisoni et Zicavo ; le col de Bavella (1,211 mètres), entre la Solenzara et Zonza ; le col de San Giorgio (762 mètres), entre Cauro et Zicavo ; le col de Celaccia (594 mètres), entre Petreto et Olmeto ; le col d'Albitrino (290 mètres), entre Sartène et Bonifacio ; le col de Sévi (1094 mètres), entre Vico et Evisa, etc.

Plusieurs cols se trouvent à une altitude fort élevée, tels que le col de la Scaglia (2,029 mètres), entre la vallée de la Restonica et la vallée du Liamone, et le col de Frame (2,087 mètres), entre la vallée supérieure du Golo et celle du Tavignano.

Le périmètre de l'île de Corse présente des caractères très différents suivant l'orientation. Sur la côte nord s'étend le vaste golfe de Saint-Florent, protégé par le cap Corse à l'est, et parle promontoire du cap Mortella à l'ouest ; plus à l'ouest est la plaine de la Basse Balagne, avec quelques anses, aux embouchures des rivières. Au-delà du golfe de Calvi commence la côte occidentale, profondément découpée et offrant de magnifiques golfes, véritables petits fiords aux murailles de rouge : ceux de Galeria, de Girolata, de Porto, de Sagona, d'Ajaccio, de Valinco, de Mortoli, de Ventilegne. Au sud est la crique de Bonifacio. Toute la pointe sud, avec les golfes de Santa Manza, de Santa Giulia et de Porto-Vecchio à la pointe du Cap-Corse, l'aspect change complètement et la côte orientale ne présente qu'une une plage unie et malsaine, fort large et à peine évidée par de petites anses, utiles au cabotage. À Bastia seulement se trouve un port, protégé par des môles.

De nombreuses explications de la différence absolue des côtes orientales ont été présentées. Il sera bien difficile de se prononcer avec un peu de certitude, tant que la géologie de la Corse ne sera pas mieux connue et surtout tant que les courants littoraux n'auront pas été bien déterminés.

Bastia.

III. — Cours d'eau.

La largeur de la Corse étant très petite par rapport à l'élévation de ses montagnes, les cours d'eau n'ont à franchir que de faibles distances kilométriques, tandis qu'ils descendent de hauteurs considérables ; ce sont par conséquent des torrents plutôt que des fleuves. Le nombre des petits bassins côtiers est trop considérable pour que l'on puisse les nommer tous ; nous nous contenterons d'énumérer les principaux cours d'eau de chaque versant.
VERSANT ORIENTAL. — Le Golo est le torrent le plus considérable de ce versant et même de l'île entière. Il prend sa source dans les montagnes de la chaîne centrale, à une très grande hauteur, entre le Monte Vagliorba et le Tafonato. Grossi par quelques petits affluents, il traverse la petite région de pâturages du Niolo, arrose Calacuccia, traverse le défilé de la Scala Santa Regina et se dirige ensuite vers le nord ; il reçoit, près de Ponte-alla-Leccia, l'Asco, grossi de la Navaccia et de la Tartagine qui viennent du nord-ouest, et tourne ensuite vers l'est. Sa vallée, qui, là, est très malsaine en été, est bordée de chaque côté par des collines. Le Golo débouche dans la plaine de Mariana, vallée d'alluvions, et va se jeter dans la mer par un estuaire assez large, au sud de l'étang de Biguglia. Il n'est navigable, comme les autres rivières de la Corse, dans aucune partie de son cours ; sa longueur totale est de 84 kilomètres. Le volume moyen de ses eaux est de 110 mètres cubes par minute. — L'Asco, le plus grand tributaire du Golo, prend sa source dans les contreforts nord du Monte Cinto. Il descend le long d'une vallée sauvage dont les pentes sont en

partie couvertes de forêts ; il débouche ensuite dans une petite plaine d'alluvions formée par son confluent avec le Golo, après avoir reçu, à gauche, la Tartagine (28 kilomètres de cours) et la Navaccia réunies. La longueur de son cours est de 29 kilomètres.

Le Tavignano (Rhotanus flumen), au sud du Golo, a sa source dans le lac de Nino ou Ino, et se dirige vers l'est. Jusqu'à Corte, il suit une profonde et sauvage vallée. Il passe à Corte, et se grossit, à droite, sous les murs de cette ville, de la Restonica. Il coule alors vers le sud-est, reçoit le Vecchio, le Corsigliese, le Tagnone, et va se jeter dans la mer entre l'étang de Diana, au nord, et les ruines d'Aleria, au sud. La longueur de son cours est de 80 kilomètres ; son débit moyen est évalué à 80 mètres cubes d'eau par minute. — La Restonica, principal affluent du Tavignano, prend sa source dans les flancs du Monte Rotondo, et suit une vallée parallèle à celle du Tavignano. Elle coule dans une gorge rocheuse, au milieu d'une belle châtaigneraie entre deux rives, revêtues de maquis et de forêts, malheureusement trop exploitées. Ses eaux sont très limpides ; la longueur de son cours est de 17 kilomètres environ.

Le Fiumorbo (Hierus flumen) prend sa source dans les montagnes de la Serra d'Ese, au sud du Monte Renoso. Il se dirige d'abord vers le nord, puis tourne vers l'est, traverse le magnifique défilé de l'Inzecca et fléchit au sud-est. Son cours, très sinueux, a 45 kilomètres de longueur. Le Fiumorbo va se jeter dans la mer au sud de la plaine d'Aleria, au nord de l'étang de Palo.

Saint-Florent.

De l'embouchure du Fiumorbo jusqu'à Bonifacio, on trouve un grand nombre de torrents sans importance. Nous mentionnerons, du nord au sud : l'Abatesco (20 kilomètres) ; le Travo (27 kilomètres) ; la Solenzara (19 kilomètres) ; le torrent de Santa Lucia (18 kilomètres) ; l'Oso (20 kilomètres) ; le Stabiaccio (20 kilomètres).

VERSANT ORIENTAL. — Ce versant comprend les rivières et torrents qui se jettent dans la Méditerranée, depuis le golfe de Saint-Florent, au sud-ouest du Cap Corse, jusqu'à Bonifacio.

Ce sont, à partir du nord : l'Aliso (20 kilomètres), qui prend sa source dans les gorges de Tenda, et va se jeter dans la mer au golfe de Saint-Florent, un peu au sud de la ville du même nom ; — l'Ostriconi (21 kilomètres), qui commence au sud du Monte Asto, et arrose une des plus pittoresques vallées de la Balagne ; — le Regino, qui arrose une contrée fertile, à l'est de l'Ile-Rousse ; — la Ficarella (25 kilomètres) et le Secco (15 kilomètres), qui se jettent dans le golfe de Calvi.

Calvi.

Entre Calvi et le golfe de Porto, on trouve le Fango, rivière considérable qui prend sa source sur le revers occidental de la grande chaîne, dans les flancs du Monte Arghiaminuta, non loin du Monte Cinto. Il descend une vallée sauvage et déserte, et, après s'être grossi de nombreux affluents, il traverse une plaine assez fertile, pour se jeter dans le golfe de Galeria ; son parcours est de 25 kilomètres.

De l'embouchure du Fango au golfe de Porto il n'y a que de petites rivières insignifiantes. Dans le golfe de Porto débouche la rivière de Porto, qui prend sa source dans le haut de la vallée d'Aitone, passe au-dessous d'Evisa, où elle reçoit le torrent de Cristinacce, et va se jeter dans le golfe de Porto, après un parcours pittoresque de 25 kilomètres. — Son principal affluent (rive droite) est le torrent de Lonca (16 kilomètres).

La Sagona, qui débouche dans le golfe du même nom, a son origine au pied des montagnes qui sont à l'ouest du Col de Seva. Elle reçoit, sur sa rive droite, un petit affluent, la Balogna, et va se jeter dans la mer après un parcours de 20 kilomètres.

Le Liamone est la rivière la plus importante du versant ouest. Il se forme sur le versant ouest du Monte Retto, qui sépare les sources du Liamone de celles du Tavignano. D'un cours d'abord très rapide et très tortueux, il passe aux bains de Guagno, tourne au sud près de Vico, arrose la Cinarca, et, après avoir franchi plusieurs étroits défilés, il débouche dans la mer après avoir traversé une plaine fertile et très malsaine en été, de 4 kilomètres de largeur, appelée la plaine du Liamone. — Ses affluents sont, sur la rive gauche : le Grosso (16 kilomètres) et le Cruzzini (24 kilomètres).

La Gravona prend sa source près du col de Vizzavona. Elle passe à Bocognano et côtoie à une faible distance la grande route d'Ajaccio à Bastia, le long d'une vallée fertile. Elle débouche dans la plaine du Campo di Loro et va se jeter dans le golfe d'Ajaccio, après un parcours de 42 kilomètres. Ses eaux, canalisées au-dessus du hameau de Mezzavia, sont conduites par un canal à Ajaccio, dont elles alimentent les fontaines.

Le Prunelli prend naissance dans les lacs de Bracco et de Vetelaca, situés sur les flancs méridionaux du Monte Renoso. Il passe au milieu des villages de Bastelica, reçoit plusieurs petits affluents, et va se jeter dans le golfe d'Ajaccio, après avoir traversé la plaine du Campo di Loro. Cours, 38 kilomètres.

Le Taravo, qui a son origine près du col de la Foce di Verde, descend presque en ligne droite du nord-est au sud-ouest. Il coule étroitement encaissé dans la plus grande partie de son parcours, passe aux bains de Guitera et au pied de Zicavo, au-dessous de la route d'Ajaccio à Sartène, et va se jeter dans la mer au golfe de Porto Pollo. Cours, 53 kilomètres.

Entre le Taravo et le Rizzanese, on trouve le Boract, qui se jette près de Propriano dans le golfe de Valinco.

Le Rizzanese, appelée aussi Tavaria, prend sa source sur les flancs du Monte Incudine. Il coule en décrivant de nombreux zigzags, et, grossi de plusieurs petits affluents, se jette dans le golfe de Valinco, au sud de Propriano. Cours, 53 kilomètres.

Du golfe de Valinco à Bonifacio, un grand nombre de petits torrents descendent à la mer. Le plus notable est l'Ortolo, qui naît au pic de la Vacca Morta, longe le massif de Cagna, et se perd dans la mer au golfe de Roccapina.

Outre ses cours d'eau, la Corse compte un certain nombre de lacs, de marais et d'étangs.

Les lacs sont situés dans la région élevée des montagnes, et la plupart dans les environs du Monte Rotondo et du

Monte Renoso. Ils se distinguent par la limpidité de leurs eaux.

Les lacs du Monte Rotondo, au nombre de sept, sont : le Rotondo, l'Oriente, appelé dans la vallée de la Restonica lac de Monte Rotondo, le Melo, le Goria, le Pozzolo, le Rinoso, le Nielluccio. Le moins petit, le Rotondo (au sud du pic), est très profond et recouvert par la neige pendant huit mois de l'année ; sa superficie est de 7 hectares environ.

Le lac le plus important après le Rotondo, comme étendue, est le lac de Nino, sur le versant oriental du Monte Retto : son émissaire se jette dans le Tavignano, dont il est le principal affluent ; sa superficie est de 6 hectares et demi.

Le lac de Creno, dans le Campotile, envoie le produit de ses eaux dans le Liamone.

Les lacs du Monte Renoso, alimentent le Fiumorbo et le Prunelli. Ce sont : le Bastani, le Rino supérieur, le Rino inférieur, le Bracco, le Vatelaca ; ces lacs, dans lesquels vivent d'excellentes truites, sont gelés pendant une grande partie de l'année.

Les étangs et les marais abondent, surtout le long de la côte orientale, où ils forment de vastes étendues d'eau. Nous citerons sur cette côte, en allant du nord au sud, les étangs suivants. L'étang de Biguglia, le plus vaste de la Corse, a une superficie de 1,500 hectares et des bords très insalubres ; mais il nourrit d'excellentes anguilles. L'étang de Diana, l'antique port d'Aleria, au nord de l'embouchure du Tavignano, a 570 hectares de superficie ; il communique avec la mer par un goulet. Au milieu de l'étang est un petit îlot de 400 mètres de circuit, qu'on appelle l'îlot des Pêcheurs. L'étang d'Urbino, entre l'embouchure du

Tavignano et celle du Fiumorbo, a une superficie de 750 hectares. Citons ensuite les petits étangs de Palo (72 hectares) et de Balistro (30 hectares), et les immenses marais qui se trouvent au sud de l'embouchure du Tavignano et ceux qui entourent Porto-Vecchio.

Sur la rive occidentale, les étangs ne sont plus que des marais ; on rencontre, en allant du sud au nord : — les marais du Taravo (20 hectares), sur la rive droite de l'embouchure de cette rivière ; — les marais de Pero (30 hectares) et de Chioni (55 hectares), sur le bord des petits golfes du même nom, entre Cargèse et Piana ; — les marais de Calvi (23 hectares), entre cette ville et l'embouchure de la Ficarella ; — les marais de Saint-Florent (50 hectares), entre cette ville et l'embouchure de l'Aliso.

IV. — Climat.

La Corse est située entre le 43° et le 41° degré de latitude, entre les régions tempérées et les régions tropicales. Aussi jouit-elle d'un climat délicieux. On peut y trouver, comme en Syrie, trois climats bien distincts, mesurés par l'altitude du terrain : le premier, qui est celui de toute la plage maritime, embrasse la région inférieure de l'atmosphère, depuis le niveau de la mer jusque vers 580 mètres d'altitude ; il est chaud comme les côtes parallèles d'Italie et d'Espagne. Le climat de la seconde zone, comprise entre 580 mètres et 1,750-1,950 mètres, ressemble, à altitude égale, au climat de la Provence, des Alpes-Maritimes et des Pyrénées Orientales. Le climat de la région supérieure, ou cime de montagnes, est froid comme celui des hautes montagnes méridionales exposées au vent de la mer.

Dans la première zone, c'est-à-dire sur toute la côte de la mer, il n'y a en réalité que deux saisons : l'une chaude et sèche, du mois de mai au mois de septembre, l'autre douce et tempérée, du mois d'octobre à la fin d'avril. Dans l'espace de quatre ans, le thermomètre a minima n'est descendu que trois fois au-dessous de zéro (— 1° 08) à Ajaccio, et M. Charles Guérin, qui était directeur de l'observatoire météorologique de cette ville, constate que jamais la chaleur maxima n'y a dépassé 33°. D'après le même observateur, la température moyenne de toute l'année est de 17° 58 et la température moyenne de la saison hivernale de + 13° 85. — C'est à peu près le climat de la plupart des autres villes importantes de la Corse, telles que Bastia, Calvi, l'Ile-Rousse, Saint-Florent, Bonifacio et Porto-Vecchio.

Le climat qui règne dans la seconde zone est aussi salubre que le climat des plages orientales est insalubre dans la saison chaude et sèche. C'est dans cette seconde zone que viennent se réfugier, de la fin de juin à la fin d'octobre, les habitants dan plages situées à l'est de Bonifacio, jusque près de Bastia ; de même que ceux de Campo-di-l'Oro, de Chioni, etc., qui tous émigrent dans la montagne, emmenant leurs troupeaux et leur mobilier. La température, généralement assez élevée, y varie naturellement selon l'altitude et l'orientation des vallées ; mais il n'est pas rare en hiver de mesurer 4 mètres de neige, et plus, au col de Vizzavona (1162 mèt.), sur la route d'Ajaccio à Bastia.

Dans la troisième zone, comme dans toutes les chaînes de montagnes, l'hiver dure environ huit mois de l'année.

En Corse, le vent est très changeant, et l'on peut dire que jamais il n'est le même dans toutes les couches d'air. Ceux qui dominent sont ceux du sud-ouest (libeccio) et du sud-est (sirocco).

Le nombre des jours sereins est de 136, celui des jours moitié couverts de 89, celui des jours couverts de 51, celui des jours de pluie de 48.

V. — Curiosités naturelles.

La Corse est un des pays les plus pittoresques de l'Europe ; outre le nombre infini d'aspects variés qu'elle doit à la mer, aux montagnes, aux forêts, aux lacs, elle présente plusieurs curiosités naturelles fort remarquables.

La grotte de Brando, dans le Cap Corse, se compose d'une vaste galerie de stalactites et de stalagmites aux formes bizarres, et aux charmantes draperies transparentes. Elle est très facile à visiter.

« Les grottes marines de Bonifacio, dit M. Charles Raymond, sont la curiosité naturelle la plus remarquable de la Corse. Comme elles ne sont accessibles que du côté de la mer, il faut louer une barque pour une demi-journée. On fera bien de ne les visiter que l'après-midi, si l'on veut jouir de beaux effets de lumière. »

Lorsqu'on est sorti du port, si l'on tourne à l'est en regardant la haute mer, on ne tarde pas à atteindre la grotte de Saint-Antoine. C'est une immense excavation ayant la forme d'un quart de sphère régulier ; l'entrée en est large, et de nombreuses stalactites pendent à la voûte ; le fond, d'une limpidité parfaite, offre de nombreuses différences dans la couleur des eaux.

Bonifacio.

À l'est de cette grotte se dresse le Monte Pertusato montagne percée). Ce promontoire, le plus méridional de l'Île, est traversé par une galerie largement éclairée dont les parois sont tapissées de stalactites et de capillaires. Les rochers du fond sont recouverts d'une espèce de mousse molette qui donne à l'eau une coloration étrange.

Si, en sortant du port, on tourne à l'ouest, près du mât de signaux, on trouve, à quelques mètres plus loin, une crique arrondie dans laquelle sont creusées plusieurs cavités assez étroites appelées Le Camere (les chambres). Il y en a une un peu plus large dans laquelle on peut aborder ; le fond, espèce de baignoire communiquant par un étroit goulet avec la mer, est tapissé de roches violettes et roses, sorte de mosaïque naturelle du plus bel effet. La voûte et les parois présentent mille découpures bizarres.

Un peu plus à droite se trouve la Dragonale, qui est incontestablement plus belle et plus importante que les grottes précédentes. Quand la mer est calme, on y entre librement et l'on pénètre par un étroit passage dans une vaste salle circulaire et voûtée. Une échancrure naturelle, creusée au faîte de la voûte, dessine exactement les contours de l'Île de Corse. Il règne dans la salle un demi-jour mystérieux venant de la faible lumière qui passe par cette ouverture ; les eaux, fortement éclairées à l'extérieur, prennent des teintes de plus en plus sombres jusqu'au violet foncé. À droite s'ouvre une profonde excavation. En revenant, on trouve à gauche une chambre élevée à laquelle on monte par des gradins naturels : c'est une espèce de salon dont le plafond est plat et uni, et où les habitants de Bonifacio font souvent de joyeux repas. Bien que la

Dragonale soit moins célèbre que la Grotte d'azur de Capri, ses beautés ne le cèdent en rien à celles de sa rivale.

Citons encore parmi les curiosités naturelles de la Corse : les défilés (scala) de Santa Regina, de Lancone, de l'Inzecca, etc. ; les gorges de Vizzavona et d'Evisa ; les aiguilles de Popolasca, d'Asinas et de Bavella ; les rochers du Kyrie-Eleison ; les prairies du Renoso et celles du Coscione ; l'Huomo de Cagna ; les Galanche de Piana ; le magnifique golfe de Porto, et les forêts.

VI. — Histoire.

Il est impossible d'établir l'histoire des premiers âges de la Corse, tant sont contradictoire les renseignements fournis à ce sujet par les anciens auteurs. Les premiers documents fournis par l'antiquité donnent à l'île le nom de Cyrnos.

D'après les traditions rapportées par Pausanias, il semble que les Phéniciens, qui, de très bonne heure, établirent des comptoirs en Corse et en Sardaigne, y trouvèrent une population ligurienne ou étrusco-pélasgique, et que plus tard des tribus espagnoles s'y établirent. Diodore de Sicile attribue aux habitants l'usage bizarre de la couvade, qu'à tort ou à raison plusieurs écrivains modernes ont attribué aussi aux populations basques des Pyrénées ; et, au dire du savant basquisant le prince Louis-Lucien Bonaparte, beaucoup de mots du dialecte corse seraient de même origine que des mots de la langue basque.

Quoi qu'il en soit, le premier événement historique est l'arrivée dans l'île des Phocéens qui, fuyant la domination des Perses, vinrent y fonder la ville d'Alalia ou Aleria (570 av. J.-C.). En 550, les mêmes Phocéens soutinrent un combat naval contre les Étrusques et les Carthaginois réunis, qui leur disputaient la domination de l'Île. Plus tard, les Carthaginois y établirent leur prépondérance sur les côtes. Ils en furent chassés, l'an 260, par le consul Lucius Cornelius Scipion, qui détruisit, suivant l'historien Florus, la ville d'Aleria. Mais la conquête de l'île fut longue ; les Romains y essuyèrent de nombreux désastres, et ce ne fut qu'après l'expédition de Scipion Nasica (162) que la Corse rentra définitivement sous l'obéissance romaine. Les conquérants tentèrent alors de coloniser le pays. En 104, une colonie envoyée par Marius fonda, à l'embouchure du Golo, la ville de Mariana. Quelques années après (88), son rival Sylla repeupla Aleria au moyen de vétérans et de citoyens romains auxquels il distribua de nombreuses terres. Au rapport de Pline, il y avait alors dans la Corse, appelée par les Latins Corsica, 25 cités ou villes, dont quelques-unes faisaient un commerce assez important.

Quoique les divisions qui agitèrent à différentes reprises l'empire des Césars aient eu leur contrecoup dans l'île, la Corse jouit d'une assez grande tranquillité pendant le reste de la domination romaine.

En l'an 41 de notre ère, Sénèque fut exilé en Corse ; il y resta huit années et en garda ensuite un détestable souvenir. Les premiers Barbares qui envahirent la Corse furent les Vandales, sous la conduite de Genséric (458 ap. J.-C.). Après une série de défaites et d'occupations successives, ils en furent chassés, 70 ans après, par les troupes de Justinien, empereur d'Orient, commandées par Cyrille, lieutenant de Bélisaire. Vinrent ensuite les Goths, qui furent à leur tour expulsés par Narsès.

Les Sarrasins parurent en Corse vers 713 et s'y établirent. Défaits dans un combat naval par le comte Burchardt, lieutenant de Charlemagne, ils perdirent 13 vaisseaux et furent mis en fuite. Mais ils revinrent à plusieurs reprises. Louis le Débonnaire, roi de France, confia la défense de l'Île au comte Boniface, qui battit plusieurs fois les fils du Coran, et fit construire à la pointe méridionale de l'île la ville de Bonifacio. Les descendants de Boniface conservèrent la souveraineté de l'île jusqu'en 951.

À partir de cette époque jusqu'au commencement du onzième siècle, il se forma dans l'Île, comme d'ailleurs en Italie, une noblesse arrogante et féroce, très probablement étrangère d'origine, qui mit le pays à feu et à sang. Les côtes se dépeuplèrent, les antiques villes d'Aleria et de Mariana furent abandonnées et les habitants se réfugièrent dans les montagnes. De là sans doute encore aujourd'hui ces nombreuses propriétés des communes de la montagne sur les plages qui leur font face. Enfin, au onzième siècle, les habitants se réunirent en assemblée à Morosaglia et prirent pour chef Sambucuccio d'Alando. Il battit le seigneur de Gimarca, l'un des principaux tyrans, et réunissant en confédération tout le pays compris entre Aleria, Brando et Calvi, fonda la Terre de Commune.

Tous les hameaux réunis dans une vallée formaient une paroisse ou pieva ayant un chef ou podestat et deux ou plusieurs Pères de la Commune qui nommaient un caporale, magistrat qui semble avoir eu des attributions analogues à celles des anciens tribuns du peuple. Les podestats des différentes pievas se réunissaient pour nommer le conseil supérieur des Douze.

À la mort de Sambucuccio, les désordres se renouvelèrent. En 1077, le pape Grégoire VIT obtint par l'intermédiaire de Landolphe, évêque de Pise, que l'Île reconnaîtrait la suzeraineté du Saint-Siège. Le pape donna par reconnaissance l'investiture de l'Île à l'évêché de Pise, érigé en archevêché : c'est ainsi que la Corse passa sous l'autorité de la république pisane.

La domination pisane fut assez douce ; des routes furent tracées et plusieurs ponts construits. Malheureusement l'Île fut engagée dans les longues luttés qui signalèrent la rivalité de Pise et de Gênes. En 1195, les Génois s'emparèrent de Bonifacio ; en 1278, Calvi tombait entre leurs mains. Plusieurs seigneurs les appelèrent à leur tour, et enfin l'île fit sa soumission générale à la république génoise (1326-1347). Pour sauvegarder leur liberté, les Corses firent une convention. En 1365, dans le Carbini et dans l'Alesani, parut une secte : les Giovannali, restés populaires dans la Corse ; on leur attribua toutes sortes d'excès et ils furent assez promptement exterminés. En 1370, Arrigo della Rocca se révolta, mais sans résultat. En 1419, un autre mécontent, Vincentello d'Istria, à la tête d'une armée que lui prêta le roi d'Aragon, s'empara de Calvi et occupa l'Île entière, à l'exception de Bonifacio. Gênes envoya des secours, et chassa Vincentello avec ses Aragonais (1434).

Définitivement maîtres de l'île, les Génois firent peser sur ce malheureux pays le joug le plus odieux. En 1453, le peuple corse tint une assemblée générale au Lago Benedetto et eut la malheureuse idée de se mettre sous la protection de la célèbre Banque de Saint-Georges, société de banquiers génois, prêtant de l'argent à la république sous la garantie de certains revenus. Gênes accepta, et la Corse ne fut plus qu'un domaine dont la Banque chercha à tirer le plus de revenus possible.

La fin du quinzième siècle fut signalée par d'incessantes révoltes. En 1487, Giovan Paolo Leca prend les armes, mais il est vaincu. De 1492 à 1511, Vinciguerra, Rinuccio, Giudice et Francesco della Rocca tentent une série de soulèvements ; mais la république, plus puissante, écrase les rebelles.

Le secours ne pouvait venir que de l'étranger. Un Corse, Sampiero, qui avait épousé Vanina d'Ornano, descendante des della Rocca, famille ennemie des Génois, avait passé au service d'Henri II, roi de France, et s'était fait remarquer par sa brillante valeur. Profitant de ce que Gênes s'était alliée avec Charles Quint, le rival d'Henri II, il obtint qu'une armée française fût envoyée en Corse sous les ordres du maréchal de Termes. En 1555, la flotte française, sous les ordres de l'amiral Paulin de la Garde, réunie à la flotte ottomane commandée par Dragut, débarqua l'armée à Bastia. L'île entière, à l'exception de Calvi, tomba entre les mains de Sampiero. Calvi soutint contre les Turcs et les Français un siège mémorable pendant lequel les femmes combattirent courageusement du haut des murailles, à côté de leurs maris. Le traité de Cateau-Cambrésis, qui mit fin aux guerres d'Italie (1559), rendit l'Île aux Génois, et Sampiero, sans aucun secours, continua avec peine une lutte inégale, mais héroïque, qui se termina par son assassinat (1567). Les Génois lui coupèrent la tête, ainsi qu'aux autres Corses, ses partisans, et promenèrent dans les rues de Gênes ce hideux trophée.

À la suite de ce dernier et glorieux essai d'indépendance, la Corse retomba plus que jamais sous le joug des Génois, et de longues années s'écoulèrent avant qu'aucune nouvelle révolte éclatât. À différentes reprises, de nombreux Corses s'exilèrent et se mirent au service de l'étranger. Les dénis de justice généralisèrent l'antique coutume de la vendetta, et le nombre des meurtres s'accrut dans des proportions effroyables. La Banque de Saint-Georges aggrava encore les exactions auxquelles s'étaient livrés les Génois : les directeurs de la Banque imposèrent de nombreuses taxes ; ils prohibèrent la sortie des denrées récoltées dans l'île, afin que les négociants génois pussent les acheter à bas prix ; en retour, les Corses étaient forcés de se procurer tout ce qui leur était nécessaire, même le sel, auprès des Génois, qui, de plus, s'étaient exclusivement réservé tous les emplois lucratifs.

Le mécontentement était général, mais les Corses gardaient le silence, lorsqu'un événement imprévu fit éclater les sentiments qui couvaient. En octobre 1729, un paysan de Bozio, indigné des exigences du fisc, appela les autres paysans à la révolte. L'insurrection gagne rapidement les villages voisins ; bientôt toute la Corse est soulevée. Le 20 décembre 1730, la Terre de Commune envoie 10 000 représentants à une assemblée générale tenue dans la plaine de Biguglia. Dans une autre assemblée (consulta) tenue à Corte (4 février 1751), il fut décidé que tout citoyen capable de porter les armes serait soldat, et qu'une taxe de vingt et un sous par feu serait prélevée pour les frais de la guerre. Les curés des paroisses se déclarèrent aussi partisans de la révolte.

Les insurgés s'emparèrent de Saint-Florent (15 avril 1731) et de Bastia-Terravécchia (13 juin). Les Génois envoyèrent alors en Corse 8 000 Allemands. Ceux-ci dégagèrent Bastia, mais ils furent en partie détruits dans un engagement près de Calenzana (janvier 1752). Toutefois l'arrivée de nouveaux renforts ennemis obligea les Corses à capituler.

En 1755, nouvelle insurrection. Dans une consulte tenue au couvent d'Orezza, le peuple corse nomma trois chefs : André Ceccaldi, Louis Giaffieri et Hyacinthe Paoli. Mais on manquait d'argent. Tout à coup parut un aventurier du nom de Théodore de Neuhoff, né à Metz d'un gentilhomme westphalien établi en France. Établi à Florence, il y connut des réfugiés corses, leur promit de délivrer leurs concitoyens et parcourut l'Europe pour intéresser le souverain à son entreprise. Muni d'un peu d'argent, il débarqua à Aleria sur un navire chargé d'armes et de munitions, que lui avait donné le bey de Tunis. Il fut accueilli comme un libérateur et proclamé roi au couvent d'Alesami, sous le nom de Théodore Ier. Mais ses rêves dépassaient ses moyens ; il ne sut pas empêcher de profondes divisions d'éclater parmi les insurgés, son modeste trésor fut vite épuisé, il fit des emprunts en Angleterre et finalement quitta l'île pour aller chercher lui-même des secours (1737) ; il ne fit qu'une courte réapparition en 1743, et alla mourir à Londres, en 1756, après avoir passé plusieurs années en prison sur les poursuites de ses nombreux créanciers.

Cependant, comme le mouvement insurrectionnel devenait de plus en plus inquiétant, le sénat de Gênes demanda aide à la France. Louis XV, craignant que, dans le cas d'un refus, la république ligurienne ne s'adressât à l'Angleterre, envoya 5 000 hommes en Corse, sous les ordres du comte de Boissicux (1758). La mission de ce général était d'employer tous les moyens de conciliation pour faire rentrer l'île sous la suzeraineté de Gênes. Les Corses refusèrent et envoyèrent une protestation au roi de France (1738). Boissieux fut obligé d'en venir aux mains avec les insulaires ; mais il fut défait à Borgo (14 octobre 1738), et il mourut (2 février 1739). Louis XV envoya alors un corps de 12 000 hommes (31 mars 1739), sous la conduite du marquis de Maillebois. En quelques mois, Maillebois pacifia l'île (2 décembre). L'armée française quitta la Corse le 7 septembre 1741. Maïllebois avait fait aimer son influence toute pacifique et administrative.

Les révoltes continuèrent ; le marquis de Cursay fut envoyé avec 2 000 hommes pour continuer l'œuvre pacificatrice de Maillebois (mai 1748). Ce général manœuvra avec beaucoup sagesse et d'habileté, ses bienfaits le firent chérir des Corses. Chauvelin, représentant de la France à Gênes, jaloux de cette influence, fit rappeler de Cursay, passa lui-même en Corse, et livra de nouveau l'île aux Génois (1752). Indignés, les Corses prirent de nouveau les armes, et élirent Gaffori gouverneur général de l'île. Corte tomba entre leurs mains (janvier 1753). Mais un patriote devait donner à cette insurrection une direction vraiment énergique ; ce patriote, c'était Pascal Paoli. Le 15 juillet 1755, il fut élu général en chef, quoiqu'à peine âgé de 27 ans. Doué au plus haut degré d'un esprit organisateur, il donna aux Corses une constitution qui fut considérée, par tous les esprits éclairés, comme un modèle de sagesse et de libéralisme.

Corte

Pour résister aux Génois, il parvint à mettre sur pied une armée de 25 000 hommes, instruite et bien équipée.

Après s'être solidement fortifiés dans des postes, les insurgés s'emparèrent de plusieurs tours de la côte (1761). À bout d'expédients et de ressources, Gênes vendit au cabinet de Versailles ses droits sur la Corse (15 mai 1768). Pascal Paoli résista, mais il avait maintenant à combattre un ennemi autrement redoutable. Le 28 août, Chauvelin débarqua en Corse avec de grands renforts. Les insurgés furent successivement chassés du cap Corse, du Nebbio, de la Marana et de la Casinca. Cependant la sanglante défaite qu'ils firent éprouver aux Français près de Borgo (octobre 1768) vint un moment ranimer leurs espérances. Nous empruntons les lignes suivantes à l'un des écrivains modernes qui ont le mieux résumé les annales de la Corse.

« Le colonel De Ludre occupait Borgo avec 500 hommes. Paoli, voulant chasser l'ennemi de cette position et l'obliger à se renfermer dans Bastia, donna ordre à ses capitaines de s'en emparer. De son côté, le marquis de Chauvelin, comprenant combien il lui importait de conserver cette position, sortit de Bastia avec toutes les troupes dont il pouvait disposer, et se porta vers Borgo, tandis que De Grand-Maison opérait le même mouvement en partant d'Oletta. Paoli, qui avait deviné le plan de Chauvelin, chargea son frère Clément d'arrêter la marche de De Grand-Maison et se porta lui-même, avec ses compagnies miliciennes, au-dessous de Borgo. Le marquis de Chauvelin ne tarda pas à arriver et à commencer l'attaque. Des deux parts on se battit avec grand courage : trois fois les Français cherchèrent à entamer les Corses, et trois fois ils furent vivement refoulés. Le combat dura plusieurs heures et fut très sanglant ; enfin Chauvelin, voyant qu'il avait perdu beaucoup de monde et désespérant de pouvoir forcer les retranchements, donna le signal de la retraite. Le colonel De Ludre, n'ayant pu être dégagé, fut obligé de se rendre avec sa garnison. Les Français éprouvèrent des pertes considérables dans cette sanglante journée, et eurent un grand nombre de blessés. »

Après la défaite des Français à Borgo, le comte de Vaux fut nommé général en chef de l'armée française en Corse, où il arriva au printemps de 1769, avec des forces imposantes.

« Paoli, convaincu qu'il n'y avait plus à traiter diplomatiquement des affaires de son pays, voulut opposer la plus vive résistance, quoiqu'il comprît que, réduit à ses propres forces, il ne pouvait lutter longtemps ; mais il espérait que les cabinets européens, intéressés à ce que la France ne prit pas, une trop grande extension dans la Méditerranée, finiraient par se mettre de la partie. Il assembla une consulte au couvent de Casinca, le 27 avril 1769 ; la résolution de résister jusqu'à la dernière heure fut prise à l'unanimité, et le premier tiers d'une levée en masse fut appelé sous les armes.

« Le comte de Vaux prit sagement ses mesures : il concentra presque toutes ses forces dans le Nebbio, où Paoli avait établi son quartier général et rassemblé ses milices. Il pensait, non sans raison, que, s'il parvenait à écraser les troupes ainsi réunies de son adversaire, le reste du pays ne tiendrait pas longtemps.

« L'attaque commença, de la part des Français, le 3 mai. Pendant deux jours il n'y eut guère que des escarmouches ;

mais, le troisième, De Vaux fit attaquer vivement Paoli dans sa position de Murato et l'obligea à se retirer au-delà du Golo. Paoli alla s'établir à Rostino, confiant à Gaffori le soin de défendre Lento, et à Grimaldi celui de défendre Canavaggia, deux positions par lesquelles l'ennemi aurait pu pénétrer dans l'intérieur. Ces deux officiers ne s'acquittèrent pas loyalement de la mission qu'ils avaient reçue ; ils se hâtèrent de céder le terrain à l'ennemi sans combattre.

« Les autres milices laissées par Paoli pour défendre les gorges environnant Ponte Nuovo, poussées par les Français qui se précipitaient des hauteurs, voulurent passer le pont ; mais elles en furent empêchées par les Prussiens à la solde des Corses, à qui la défense en avait été confiée. Le désordre et la confusion se mirent alors dans leurs rangs. Les Français en profitèrent pour les écraser, et ils leur firent éprouver une déroute complète (9 mai 1769).

« Cette défaite jeta le découragement dans l'âme de Paoli : il comprit que c'en était fait de la nationalité corse, et il résolut d'abandonner sa patrie. Il se dirigea sur Vivario, de là gagna Porto-Vecchio, et s'y embarqua sur un vaisseau anglais avec son frère et environ trois cents hommes qui voulurent partager son exil. » (De Friess, Histoire de la Corse.)

Vingt ans plus tard, l'Assemblée constituante sut rendre justice au courage militaire et aux talents politiques de Paoli. Non seulement il put rentrer sans danger parmi ses compatriotes, mais il reçut de Louis XVI le gouvernement de l'île, et lorsque la Corse forma un département, il en fut élu président ou préfet par le peuple. Ce retour de fortune lui fit concevoir de plus hautes visées : tous les ferments de révolte n'étaient pas encore éteints, et les intrigues des Anglais, occupés alors de chercher des ennemis à la France, aboutirent en 1795 à une nouvelle prise d'armes qu'encouragea et dirigea Paoli. Mais l'ambition et les intrigues de ses alliés ruinèrent pour jamais tout espoir d'indépendance, et le célèbre chef corse dut encore une fois (1794) se retirer en Angleterre, où il vécut encore treize ans. Les Anglais ne furent complètement chassés de l'île qu'en 1796.

Les Corses doivent à Paoli la création (1758) du port et de la ville de l'Ile-Rousse, destinés à faire concurrence aux cités voisines de Calvi et d'Algajola, restées favorables à la cause génoise. Cette dernière fut presque ruinée et n'est plus qu'un pauvre hameau, tandis que l'Ile-Rousse est un des centres commerciaux les plus considérables du département.

La merveilleuse fortune de la famille Bonaparte fut seule capable d'attacher désormais les Corses à la France, gouvernée par le plus illustre de leurs compatriotes. Ils sont depuis lors restés inviolablement fidèles à leur grande patrie, vers laquelle les appellent leurs intérêts aussi bien que leurs sympathies.

La capitale de la Corse, constituée par Louis XV en gouvernement militaire, était Bastia. On comptait dans l'île douze territoires ou districts, ambitieusement qualifiés de provinces : le Cap Corse, Bastia, Nebbio, la Balagne, Corte, Aleria, Calvi, Vico, Ajaccio, Sartène et Bonifacio. Les quatre pays de Nonza, Brando, Canari et Istria portaient le titre de fiefs. On y comptait cinq diocèses, suffragants de l'archevêché de Gênes : Ajaccio, Aleria, Mariana, Nebbio et Sagone.

À la Révolution, la Corse forma un seul département, avec Bastia pour chef-lieu. Mais la Convention, pour briser l'unité du pays, alors en pleine révolte, le divisa, le 14 août 1795, en deux départements. Napoléon jugea inutile le maintien de cette mesure, et le 19 avril 1811, Ajaccio devint l'unique chef-lieu des deux départements réunis en un seul.

VII. — Personnages célèbres.

Neuvième siècle. — Formose, évêque de Porto, pape de 891 à 896. Sa mémoire fut flétrie par Étienne VI, mais réhabilitée par Jean IX, en 898.

Dixième siècle. — Sambucuccio d'Alando, organisateur de la constitution de la Terre de Commune, mort en 1012.

Citons, entre cette période et le seizième siècle, les patriotes Giudice Della Rocca ; Arrigo Della Rocca ; Vincentello d'Istria, et l'historien Pietro Corso (Petrus Cyrnœus).

Seizième siècle. — Sampiero, célèbre patriote, né en 1497 à Bastelica, assassiné par ordre des Génois le 17 janvier 1567. Il devint colonel général des gardes corses au service de la France et lutta toute sa vie contre les Génois. Sa femme, Vanina d'Ornano, fut tuée par lui à Marseille, pour avoir traité avec Gênes. — Alphonse d'Ornano, fils de Sampiero, maréchal de France, né en 1548, mort en 1610. Colonel général des Corses au service de la France, gouverneur de Valence, puis de Pont-Saint-Esprit, il prit part aux guerres de religion et fut un des premiers à reconnaître Henri IV, qui le nomma lieutenant général de Guienne et maréchal.

Dix-huitième siècle. — Paoli (Pascal), célèbre chef corse, né à Morosaglia en 1726, mort près de Londres, le 5 février 1807. Fils du général Hyacinthe Paoli, il déploya la plus grande habileté dans les luttes de sa patrie contre les Génois, ses oppresseurs, qu'il aurait chassés de l'île sans l'intervention de la France, à qui elle fut cédée (1768). Paoli, hors d'état de résister, se retira en Angleterre. Il revint en France à la Révolution, et fut nommé lieutenant général des gardes nationales de la Corse. Le 17 juillet 1793, il fut mis hors la loi, à cause de sa conduite suspecte. Il s'allia alors aux Anglais, et combattit avec eux contre la France. — Casabianca (Raphaël, comte de), général, né à Vescovato le 27 novembre 1738, mort à Bastia le 28 novembre 1825. Il servit successivement dans les armées du Nord et des Alpes, et soutint un siège glorieux à Calvi, contre les Anglais. Il fut nommé général de division et sénateur après le 18 brumaire. Exclu momentanément de la Chambre, lors du retour des Bourbons, il y rentra en 1819. — Casabianca (Louis), frère cadet du précédent, né à Bastia vers 1755, tué le 1er août 1798. Député à la Convention, il vota la détention dans le procès du roi, passa au conseil des Cinq-Cents, puis rentra dans la marine ; il était capitaine de pavillon de l'amiral Brueys au combat d'Aboukir, où il périt avec son fils, âgé de dix ans, qui refusa de l'abandonner. — Abbatucci (Charles), né à Zicavo, en 1771. Aide de camp de Pichegru, il se signala en Hollande. En 1796, étant général de division, il défendit Huningue contre les Autrichiens et y fut tué. En 1854, une statue lui a été élevée à Ajaccio. — Cervoni (Jean-Baptisre), général, né à Soveria (1768), tué à la bataille d'Eckmühl, le 22 avril 1809.

Dix-neuvième siècle. — Pozzo Di Borgo (Charles-André), célèbre diplomate, né à Alata près d'Ajaccio, le 8 mars 1764, mort à Paris le 15 février 1842. Après avoir été chassé, le 10 août, de l'Assemblée législative dont il était membre, il s'allia comme Paoli aux Anglais. Plus tard, il entra au service de la Russie et fut toujours hostile à la France. À la chute de l'Empire, il représenta la Russie à Paris. Après la révolution de 1830, Nicolas le nomma ambassadeur à Londres, où il resta jusqu'en 1839. — Napoléon 1er, empereur des Français, roi d'Italie, né à Ajaccio Le 15 août 1769, de Charles-Marie Bonaparte et de Letizia Ramolino, mort à Sainte-Hélène le 5 mai 1821. Son nom appartenant à l'histoire, nous ne pouvons donner ici tous les détails que comporterait sa biographie. — Joseph Bonaparte, frère aîné de Napoléon, roi de Naples de 1806 à 1808, d'Espagne entre 1808 et 1814, souverain toujours contesté et combattu de ces deux nations ; mort en 1844. — Lucien Bonaparte, autre frère de Napoléon, habile homme d'État, mort en 1840. — Louis Bonaparte, troisième frère de Napoléon, roi de Hollande de 1806 à 1810, mort en 1846 ; il fut le père de Napoléon III. — Jérôme Bonaparte, quatrième frère de Napoléon, roi de Westphalie de 1807 à 1813, mort en 1860. — Sébastiani (François-Horace Bastien, comte), maréchal de France, né le 10 novembre 1772 à la Porta d'Ampugnani, mort le 20 juillet 1851 à Paris. Il fut nommé général de brigade en 1803, et général de division après Austerlitz, en 1805. C'est lui qui défendit Constantinople, où il était ambassadeur, contre la flotte anglaise (1807). Il combattit en Espagne (1809-1810). Il fut ensuite député, ministre, ambassadeur, et nommé maréchal de France en 1840. — Arrigi (Jean-Toussaint), duc de Padoue, né à Corte le 8 mars 1778, mort le 21 mars 1853. Il fit la campagne d'Égypte, se distingua à Marengo et dans les guerres d'Allemagne, et fut nommé duc de Padoue et général de division. Après avoir été créé pair pendant les Cent-Jours et gouverneur de la Corse, il fut exilé par les Bourbons et ne rentra en France qu'en 1820. En 1849, il fut élu député à l'Assemblée législative et devint sénateur (1852).

Citons encore, parmi les notabilités corses de ce siècle, les médecins Poggiale, Marchal de Calvi, Ceccaldi, et un grand nombre de personnages politiques que Napoléon III appela à de hautes fonctions.

VIII — Population, langue, culte, instruction publique.

La population de la Corse s'élève, d'après le recensement de 1881, à 272,639 habitants. À ce point de vue la Corse est le 73e département ; elle est le 84e au point de vue de la population spécifique. Trois départements français seulement, la Lozère, les Hautes-Alpes et les Basses-Alpes, ont une population spécifique plus faible. On nomme population spécifique le nombre obtenu en divisant le chiffre des habitants par celui des hectares ; or ce nombre est de 31 par kilomètre carré pour la Corse, tandis qu'il est de 71 pour l'ensemble de la France.

En 1768, la population de la Corse était de 120,389 habitants ; elle s'est donc accrue de 152,250 habitants depuis la réunion de ce pays à la France, c'est-à-dire qu'elle a beaucoup plus que doublé.

En Corse, la langue officielle est le français, mais la langue du peuple est un dialecte qui se rapproche beaucoup de l'italien. Un autre dialecte est parlé par les habitants du district de Bonifacio ; il se rapproche, dit-on, du génois.

Le nombre des naissances a été, en 1879, de 8,251 ; celui des décès, de 7,322 ; celui des mariages de 1,798.

D'après le degré d'instruction, le département de la Corse est classé au soixante-neuvième rang. Sur 100 recensés de plus de six ans, on compte 49 illettrés, la moyenne générale étant 30.

Sur 2,241 jeunes gens appelés au tirage au sort, on en a compté en 1879 :

Ne sachant ni lire ni écrire : 606
Sachant lire et écrire : 193
Sachant lire, écrire et compter : 1,299
Ayant reçu une instruction supérieure : 17
Dont on n'a pu vérifier l'instruction : 126

Le lycée de Bastia comptait, en 1879, 526 élèves ; le collège Fesch, à Ajaccio, l'école Paoli, de Corte, les collèges de Sartène (fermé aujourd'hui) et de Calvi, tous quatre réunis, 688 élèves. La même année, le département renfermait 625 écoles publiques, 26 écoles libres, fréquentées ensemble par 37,264 enfants.

Le culte dominant en Fe est le culte catholique, sincèrement et parfois superstitieusement professé. On compte à peine une centaine de protestants appartenant à diverses sectes et la plupart originaires du continent.

IX. — Divisions administratives.

La Corse forme le diocèse d'Ajaccio, suffragant d'Aix. — la quatrième subdivision de la quinzième région de corps d'armée (Marseille). — Le département ressortit : — à la cour d'appel de Bastia ; — à l'Académie d'Aix ; — à la vingt-quatrième légion de gendarmerie ; — à la septième inspection des ponts-et-chaussées ; — à la trentième conservation des forêts (Ajaccio) ; — à l'arrondissement minéralogique de Marseille (division du Sud-Est) ; — à la région agricole du Sud-Est. — Il comprend cinq arrondissements (Ajaccio, Bastia, Calvi, Corte et Sartène), 62 cantons et 364 communes.

Chef-lieu du département : Ajaccio.

Chefs-lieux d'arrondissement : Ajaccio, Bastia, Calvi, Corte, Sartène.

Arrondissement d'Ajaccio (12 cant. ; 80 com. ; 219,099 hect. ; 72,609 h.).

Canton d'Ajaccio (6 com. ; 19, 608 hect. ; 21,101 h.) — Afà — Ajaccio — Alata — Appietto — Bastelicaccia — Villanova.

Canton de Bastelica (5 com. ; 22,900 hect. ; 5,809 h.) — Bastelica — Cauro — Eccica-Suarella — Ocana. — Tolla.

Canton de Bocognano (5 com. ; 16,966 hect. ; 5,014 h.) — Bocognano — Carbuccia — Tavera — Ucciani — Vero.

Canton d'Evisa (6 com. ; 22,809 hect. ; 3,310 h.) — Cristinacce — Evisa — Marignana — Osani — Partinello — Serriera.

Canton de Piana (3 com. ; 13,872 hect. ; 3,347 h.) — Cargèse — Ota — Piana.

Canton de Salice (5 com. ; 11,341 hect. ; 2,468 h.) — Azzana — Pastricciola — Rosazia — Salice — Scanafaghiaccia.

Canton de Santa-Maria-Sichè (11 com. ; 29,997 hect. ; 9,629 h.) — Albitreccia — Azilone-Ampaza — Campo — Cognocoli-Montichi — Coti-Chiavari — Forciolo — Frasseto — Grosseto-Prugna — Guargualè — Pietrosella — Pila-Canale — Quasquara — Santa-Maria-Sichè — Serra-di-Ferro — Torgia-Cardo — Urbalacone — Zigliara.

Canton de Sari-d'Orcino (8 com. ; 10,616 hect. ; 3,019 h.) — Ambiegna — Arro — Calcatoggio — Cannelle — Casaglione — Lopigna — Sant Andrea-d'Orcino — Sari-d'Orcino.

Canton de Sarrola-Carcopino (5 com. ; 9,840 hect. ; 3,019 h.) — Cutoli-Corticchiato — Peri — Sarrola- Carcopino — Tavaco — Valle-di-Mezzana.

Canton de Soccia (4 com. ; 9,935 hect. ; 2,784 h.) — Guagno — Orto — Poggiolo — Soccia.

Canton de Vico (7 com. ; 20,115 hect. ; 6093, h.) — Arbori — Balogna — Coggia — Letia — Murzo — Renno — Vico.

Canton de Zicavo (9 com. ; 31,100 hect. ; 6,299 h.) — Ciamanacce — Corrano — Cozzano — Guitera — Palneca — Sampolo — Tasso — Zevaco — Zicavo.

Arrondissement de Bastia (20 cant.; 95 com.; 108,017 hect.; 78,842 h.).

Canton de Bastia-Terranova (2 com.; 1,549 hect.; 7,347 h.) — Bastia Terranova — Furiani.

Carton de Bastia-Terravecchia (1 com.; 1,958 hect.; 13,063 h.) — Bastia-Terravecchia.

Canton de Borgo (4 com.; 11,412 hect.; 1,998 h.) — Biguglia — Borgo — Lucciana — Vignale.

Canton de Brando (3 com.; 7,333 hect.; 3,698 h) — Brando — Pietra-Corbara — Sisco.

Canton de Campile (7 com.; 3,560 hect.; 4,183 h.) — Campile — Crocicchia — Monte — Olmo — Ortiporio — Penta-Acquatella — Prunelli-di-Casacconi.

Canton de Campitello (6 com.; 1,880 hect.; 2,574 h.) — Bigorno — Campitello — Canavaggia — Lento — Scolca — Volpajola.

Canton de Cervione (4 com.; 4,293 hect.; 3,274 h.) — Cervione — Sant'Andrea-di-Cotone — San-Giuliano — Valle-di-Campoloro.

Canton de Lama (3 com.; 6,065 hect.; 1,577 h.) — Lama — Pietralba — Urtaca.

Canton de Luri (5 com.; 8,711 hect.; 5,254 h.) — Barrettali — Cagnano — Luri — Meria — Pino.

Canton de Murato (4 com.; 6,439 hect.; 2,427 h.) — Murato — Pieve — Rapale — Rutali.

Canton de Nonza (5 com.; 7,012 hect.; 3,048 h.) — Canari — Nonza — Ogliatro — Olcani — Olmeta-di-Capocorso.

Canton d'Oletta (4 com.; 6,718 hect.; 2,396 h.) — Oletta — Olmeta-di-Tuda — Poggio-d'Oletta — Vallecalle.

Canton de Pero-Casevecchie (5 com. ; 3,898 hect. ; 2,695 h.) — Pero-Casevecchie — Poggio-Mezzana — Taglio-Isolaccio — Talasani — Velone-Orneto.

Canton de Porta (15 com. ; 6,656 hect. ; 5,183 h.) — Casabianca — Casalta — Croce — Ficaja — Giocatojo — Piano — Poggio-Marinaccio — Polveroso — Porta — Pruno — Quercitello — San-Damiano — San-Gavino-d'Ampugnani — Scata — Silvareccio.

Canton de Rogliano (5 com. ; 7,552 hect. ; 4,844 h.) — Centuri — Ersa — Morsiglia — Rogliano — Tomino.

Canton de Saint-Florent (4 com. ; 6,123 hect. ; 2,349 h.) — Barbaggio — Farinole — Patrimonio — Saint-Florent.

Canton de San-Martino-di-Lota (3 com. ; 3,026 hect. ; 2,027 h.) — San-Martino-di-Lota — Santa-Maria-di-Lota — Ville-di-Pietrabugno.

Canton de San-Nicolao (5 com. ; 4,154 hect. ; 2,302 h.) — San-Giovanni — San-Nicolao — Santa-Luci-di-Moriani — Santa-Maria-Poggio — Santa-Reparata-di-Moriani.

Canton de Santo-Pietro-di-Tenda (3 com. ; 19,245 hect. ; 2,012 h.) — San-Gavino-di-Tenda — Santo-Pietro-di-Tenda — Sorio.

Canton de Vescovato (7 com. ; 8,330 hect. ; 6,591 h.) — Castellare-di-Casinca — Loreto-di-Casinca — Penta-di-Casinca — Porri — Sorbo-Ocagnano — Venzolasca — Vescovato.

Arrondissement de Calvi (6 cant. ; 35 com. ; 78,749 hect. ; 24,371 h.).

Canton de Belgodere (6 com. ; 10,192 hect. ; 3,549 h.) — Belgodere — Costa — Novella — Occhiatana — Palasca — Ville-di-Paraso.

Canton de Calenzana (8 com. ; 51,031 hect. ; 6,270 h.) — Calenzana — Cassano — Galeria — Manson — Manso — Moncale — Montemaggiore — Zilia.

Canton de Calvi (2 com. ; 5,038 hect. ; 2,954 h.) — Calvi — Lumio.

Canton de l'Ile-Rousse (6 com. ; 4, 176 hect. ; 4,873 h.) — Corbara — Ile-Rousse (L') — Monticello — Pigna — Sant'Antonino — Santa-Reparata-di-Balagna.

Canton de Muro (9 com. ; 7,930 hect. ; 4,969 h.) — Algajola — Aregno — Avapessa — Cateri — Feliceto — Lavatoggio — Muro — Nessa — Speloncato.

Canton d'Olmi-Cappella (4 comm. ; 2,300 hect. ; 1,756 h.) — Mausoleo — Olmi-Cappella — Pioggiola — Vallica.

Arrondissement de Corte (16 cant. ; 108 com. ; 173,526 ha. ; 59,060 h.).

Canton de Calacuccia (5 com. ; 5,340 hect. ; 4,314 h.) — Albertacce — Calacuccia — Casamaccioli — Corscia — Lozzi.

Canton de Castifao (3 com. ; 14,868 hect. ; 2,599 h.) — Asco — Castifao — Moltifao.

Canton de Corte (1 com. ; 14,927 hect. ; 5, 136 h.) — Corte. Canton de Ghisoni (4 corn. ; 20,647 hect. ; 3,985 h.) — Ghisonaccia — Ghisoni — Lugo-di-Nazza — Poggio-di-Nazza.

Canton de Moita (8 com. ; 10,018 hect. ; 4,776 h.) — Aleria — Ampriani — Matra — Moita — Tallone — Zalana — Zuani.

Canton de Morosaglia (7 com. ; 4,440 hect. ; 3,957 h.) — Bisinchi — Castello-di-Rostino — Castineta — Gavignano — Morosaglia — Saliceto - Valle-di-Rostino.

Canton d'Omessa (7 com. ; 11,650 hect. ; 2,390 h.) — Castiglione — Castirla — Omessa — Piedigriggio — Popolasea — Prato — Soveria.

Canton de Piedicorte-di-Gaggio (7 com. ; 10,343 hect. ; 3,238 h.) — Altiani — Erbajolo — Focicchia — Giuncaggio — Pancheraccia — Piedicorte-di-Gaggio — Pietraserena.

Canton de Piedicroce (15 com. ; 4,000 hect. ; 4,236 h.) - Brustico — Campana — Carcheto — Carpineto — Monacia — Nocario — Parata — Piazzole — Piedicroce — Piedipartino — Pied'Orezza — Rapaggio — Stazzona Valle-d'Orezza — Verdese.

Canton de Pietra (6 com. ; 9.183 hect. ; 3,040 h.) — Campi — Canale-di-Verde — Chiatra —Linguizzetta — Pietra — Tox.

Canton de Prunelli-di-Fiumorbo (5 com. ; 14,683 hect. ; 5,008 h.) — Isolaccio — Prunelli-di-Fiumorbo — Serra-di-Fiumorbo — Solaro — Ventiseri.

Canton de San-Lorenzo (7 com. ; 6,414 hect. ; 2,114 h.) – Aiti — Cambia — Carticasi — Erone — Lano — Rusio — San-Lorenzo.

Canton de Sermano (10 com. ; 10,004 hect. ; 2,986 h.) — Alando — Alzi — Bustanico — Castellare-di-Mercurio — Favalello — Mazzola — Sant'Andrea-di-Bozio — Santa-Lucia-di-Mercurio — Sermano — Tralonca.

Canton de Valle-d'Alesani (9 com. ; 4,327 hect. ; 3,078 h.) - Felce — Novale — Ortale — Perelli — Piazzali — Pietricaggio — Piobbeta — Tarrano - Valle-d'Alesani.

Canton de Venaco (7 com. ; 18,411 hect. ; 4,706 h.) Casanova — Gatti-di-Vivario — Muracciole — Poggio-di-

Venaco — Riventosa — Santo-Pietro-di-Venaco — Serraggio (chef-lieu).

Canton de Vezzani (7 com. ; 14,267 hect. ; 3,517 h.) — Aghione — Antisanti — Casevecchie — Noceta — Pietroso — Rospigliani — Vezzani.

Arrondissement de Sartène (8 cant. ; 4 7 com. ; 169,172 hect. ; 37,757 h.).

Canton de Bonifacio (1 com. ; 13,800 hect. ; 3,116 h.) — Bonifacio.

Canton de Levie (5 com. ; 31,600 hect. ; 5,059 h.) — Carbini — Figari — Levie — San-Gavino-di-Carbini — Zonza.

Canton d'Olmeto (6 com. ; 11,223 hect. ; 4,607 h. — Arbellara — Fozzano — Olmeto — Propriano — Santa-Maria-Figaniella — Viggianello.

Canton de Petreto-Bicchisano (6 com. ; 14,684 hect. ; 4,336 h.) — Argiusta-Moriccio — Casalabriva — Mocà-Croce — Olivese — Petreto-Bicchisano — Sollacaro.

Canton de Porto-Vecchio (4 com. ; 34,788 hect. ; 4,262 h.) — Conca — Lecci — Porto-Vecchio — Sari-di-Porto-Vecchio.

Canton de Santa-Lucia-di-Tallano (9 com. ; 6,637 hect. ; 3,459 h.) — Altagene — Cargiaca — Loreto-di-Tallano — Mela — Olmiccia — Poggio-di-Tallano — Sant'Andrea-di-Tallano — Santa-Lucia-di-Tallano — Zoza.

Canton de Sartène (8 com. ; 26,900 hect. ; 7,758 h.) - Belvedere-Campomoro — Bilia — Foce — Giuncheto — Granace — Grossa — Sartène — Tivolaggio.

Canton de Serra-di-Scopamene (8 com. ; 29,540 hect. ; 5,160) h.) — Aullene — Caldarello — Monacia —

Quenza — Serra-di-Scopamene — Sorbollano — Sotta — Zerubia.

X. - Agriculture.

Sur les 874,710 hectares du département, on compte :

Terres labourables : 188,451 hectares.
Vignes : 30,000 hectares.
Bois et forêts : 209,177 hectares.
Prairies naturelles : 19,584 hectares.
Pâturages et pacages : 142,456 hectares.
Terres incultes : 348,309 hectares.

Le reste se partage entre les lacs, les étangs, les emplacements de villes, bourgs, villages, les surfaces occupées par les routes, les cimetières, etc. Au 31 décembre 1679, on comptait dans le département : 6,856 chevaux, 9,933 mulets, 5,350 ânes, 16,132 bœufs et taureaux, 15,261 vaches et génisses, 2,873 veaux, 221,264 moutons de race indigène, 29,435 moutons de races perfectionnées, 77,462 porcs, 185,974 chèvres.
Les chevaux corses sont renommés pour la sûreté de leur pied, leur sobriété et leur résistance aux intempéries de l'air. Ils vivent la plupart du temps dans le maquis, en pleine liberté. — Avec le lait des chèvres on fabrique d'excellents fromages, en grande partie consommés sur place. — En 1879, la production de la laine a été de 56,385 kilogrammes, d'une valeur totale de 28,989 francs ; la production du suif a été de 10,132 kilogrammes, d'une valeur de 3,850 francs.

Le gibier est très-abondant. Le sanglier vit dans les grandes forêts et dans certains maquis, notamment dans la plaine d'Aleria. Dans la partie élevée des montagnes on trouve une espèce particulière de chèvre, le mouflon, qui a des cornes très longues et recourbées sur elles-mêmes (le Jardin des plantes de Paris en renferme de beaux spécimens) ; on leur fait une chasse très active. On y trouve aussi le cerf de Corse, qui chaque jour devient plus rare. Le maquis nourrit des lièvres, des perdrix rouges, et surtout des grives et des merles très estimés pour leur chair parfumée. On y prend un grand nombre de cailles au moment de leur passage.

Les animaux carnassiers sont inconnus dans l'île ; à peine y voit-on quelques renards. Il y a d'excellentes qualités de poisson sur les côtes : nous citerons la sole, le rouget, le turbot, la langouste ; des bancs de sardines et de thons passent tous les ans ; on pêche dans l'étang de Diana d'excellentes anguilles et des huîtres qui sont expédiées en Italie. — Quelques barques italiennes se livrent, sur les côtes, à la pêche du corail.

La sériciculture a produit, en 1876, 14,000 kilogrammes de cocons ; la production s'est élevée, en 1879, à 21,000 kilogrammes et depuis elle a encore considérablement augmenté. La Corse fournit de la graine à plusieurs départements : le Var, l'Ardèche, le Gard, etc. — Dans la même année 1879, on comptait 21,250 ruches en activité ; leur produit a été de 85,000 kilogrammes de miel et 32,000 de cire.

Les vignes occupaient, en 1879, une étendue de 15,126 hectares ; leur production totale a été de 238,000 hectolitres, et, en 1880, de 250,000. Quoique la plupart des vins soient ordinaires, il y a cependant quelques crus estimés. Le phylloxéra a détruit les excellents vignobles des environs de Corte ; mais dans les arrondissements de Bastia et de Sartène, et dans presque toute l'île, de nouvelles plantations ont été faites sur une très grande échelle, depuis 1879, et réussissent très bien. Une compagnie parisienne vient de planter un vignoble de 700 hectares dans la vallée de l'Artole. Les vins les plus renommés sont ceux de Tallano et du Cap Corse.

Certaines céréales sont cultivées sur une assez vaste échelle. En 1879, il y a eu 32,914 hectares ensemencés de froment, qui ont produit 493,710 hectolitres ; 7,445 hectares d'orge (119,120 hectolitres) ; 2,968 hectares de maïs (59,560 hectolitres). Le méteil, le sarrasin et l'avoine ne sont pas cultivés, et l'on n'a récolté, dans la même année, que 560 hectolitres de seigle. — La pomme de terre a donné un produit de 48,760 hectolitres, et les légumes secs, 64,650 hectolitres. — On a récolté, dans la même année, 1 000 quintaux de chanvre et 2,970 quintaux de lin.

La culture maraîchère est peu développée ; cependant on pourrait s'y adonner avec succès à la culture des primeurs. Des essais ont déjà donné de bons résultats. Les arbres fruitiers, tels que figuier, amandier, grenadier, pommier, poirier, pêcher, prunier, cerisier, abricotier, cognassier, croissent abondamment dans les vergers. Le caroubier, le jujubier, le néflier du Japon prospèrent dans les parties chaudes ; l'oranger et le citronnier croissent dans les coins abrités du littoral, notamment aux environs d'Ajaccio ; enfin le cédratier, dont la culture s'étend de plus en plus, surtout vers le Cap Corse et à l'Ile-Rousse, devient une source de revenus considérables.

« Le châtaignier, dit M. Charles Raymond, est la principale ressource, la providence de l'île on trouve partout cet arbre nourricier, sur les coteaux, sur les montagnes élevées, dans les bas-fonds. Son fruit, séché et moulu, donne une farine douce et agréable, employée à fabriquer la traditionnelle polenta, qui constitue, avec quelques fromages secs, la nourriture de la plupart des montagnards. » En 1879, la production des châtaignes a été de 270,000 hectolitres, et elle se maintient toujours assez près de ce chiffre.

L'olivier prospère en Corse et donne une huile estimée, surtout dans la Magne. En 1879, la récolte a été de 505,755 hectolitres, dont 19,120 ont été employés à la fabrication de 582,400 kilogrammes d'huile.

La culture du tabac est libre dans l'île ; chaque paysan récolte à peu près la quantité qui lui est nécessaire ; mais la qualité du tabac est médiocre, à cause de la préparation rudimentaire qu'on lui fait subir. La production, en 1879, a été de 252 quintaux.

Les forêts occupent en Corse une étendue 209,177 hectares. Les essences qui prédominent dans les grands massifs sont le laricio, le pin maritime, le hêtre, le sapin, le chêne vert et le chêne blanc. On y trouve aussi, mais en plus faible nombre et par petits groupes, l'orme, le charme, le frêne, l'érable, l'if, le genévrier, l'aune et le bouleau. Les arbres de haute futaie peuvent être utilement employés dans les constructions civiles et navales, particulièrement pour le bordage et la mâture des vaisseaux ; ceux de moindres dimensions produisent des traverses de chemin de fer, des poteaux télégraphiques, des bois de pilotis et des charbons de très bonne qualité.

XI. — Industrie ; mines ; eaux minérales.

Au point de vue des ressources minéralogiques, le département de Corse est un des plus riches de la France ; malheureusement il reste beaucoup à faire au point de vue de leur exploitation. Les mines de fer se rencontrent à Farinole, Olmeta, Ota, Orchino, Arone, Poggiolo, Sagona, Lento, Castifao. Ces fers, ainsi que d'autres fers apportés de l'île d'Elbe, entretiennent les hauts-fourneaux de Toga, près de Bastia, ainsi que les forges de Bastia, Fiumalto et Penta-di-Casinca.

Il y a des gisements de plomb argentifère à Zilia, Moltifao, Pietralba et Castifao ; d'antimoine au Cap Corse ; de cinabre à Ersa ; de manganèse à Furiani, Valle et Muone ; de zinc sulfuré à Revinda et à Marignana ; de nombreuses traces de cuivre à Ponte-alla-Leccia, entre Linguizzetta et Belgodere.

Les gisements de combustibles minéraux sont rares ; on trouve cependant de l'anthracite à Osani, et du lignite à Saliceto.

En revanche, les marbres abondent, ainsi que les pierres dures d'ornement. On trouve des syénites à Tallano et à Olmeto ; le granit orbiculaire à Sainte-Lucie ; des porphyres globuleux à Galeria, Girolata et Curzo. Le jade et le diallage ou vert antique de Stazzona, roche unique en son genre, dit Gueymard, se trouvent dans les pays d'Orezza et d'Alesani. Cette roche orne la chapelle des Médicis à Florence. Le granit qui forme le soubassement de la colonne Vendôme, à Paris, a été tiré des carrières d'Algajola, près de l'Ile-Rousse. – Les marbres qui décorent la façade du nouvel Opéra proviennent des carrières de

Bevinco. — Un grand nombre de variétés de granits, granit rouge, granit rose, les serpentines, les curites, les jaspes, le marbre blanc statuaire, le marbre gris bleuâtre, l'albâtre jaune, blanc, se trouvent en Corse. Des carrières d'amiante sont en exploitation, sur les deux versants du San-Pietro, près de Morosaglia et près de Piedicroce.

Les sources minérales de la Corse sont nombreuses ; elles pourraient rivaliser avec la plupart de celles du continent si leur éloignement n'en rendait l'accès difficile.

L'eau d'Orezza jaillit en bouillonnant au centre d'une place magnifique ombragée d'arbres séculaires et construite aux temps des corvées, dans une situation exceptionnelle, au-dessus d'un torrent profond, le Fiumalto. Le voisinage de ce cours d'eau assure aux malades, même pendant l'été, une température modérée. L'eau d'Orezza est aujourd'hui connue du monde entier. Ferrugineuse et gazeuse, elle est très efficace contre les affections chroniques de l'estomac, l'atonie, les maladies cutanées, la goutte, les obstructions et les hémorroïdes ; elle est également apéritive, diurétique et tonique. La puissance de cette eau, prise à sa source, est si grande, qu'il ne faut pas en faire usage sans avoir préalablement consulté un médecin. Cette eau ne subit par le transport qu'une altération insensible. Les eaux de Guagno alimentent un établissement thermal qui se compose d'un bâtiment central avec deux ailes en retour, d'apparence fort modeste. L'aile gauche est occupée par des piscines à l'usage des militaires malades envoyés par le gouvernement, par des cabinets de bains pour les officiers, et par des douches. L'aile droite renferme les cabinets de bains pour les malades civils. Le bâtiment central est occupé par deux grands réservoirs situés au-dessous l'un de l'autre et recevant l'eau qui coule par un jet abondant (60 litres par minute) la température moyenne est de 41° centigrades. On y compte 39 cabinets à baignoires, 30 piscines à 4 places, 4 à 10 places et 2 à 20 places. Le premier étage est occupé par les chambres des baigneurs, salons de réception et autres pièces au nombre de 60. L'hôpital militaire, aujourd'hui abandonné, est situé un peu plus haut que l'établissement thermal. Il pouvait contenir 200 malades. L'eau de Guagno est claire, limpide, onctueuse au toucher ; elle exhale une légère odeur d'œufs pourris, due à la présence de l'acide sulfhydrique ; sa saveur est fade et nauséabonde ; sa température est de 51° centigrades ; elle dépose dans les bassins des filaments de glairine et de barégine ; elle est alcaline. L'analyse de ces eaux, faite en 1852 par M. Poggiale, démontre leur analogie en quelques points avec les eaux de Barèges. Plus riches en principes fixes, elles contiennent cependant près de moitié moins de sulfure de sodium. Ce ne sont donc pas. absolument et seulement des eaux sulfureuses, et puisque les autres principes minéralisateurs, notamment le chlorure de sodium, sont si abondants, elles se rapprochent beaucoup des eaux salines comme celles de Bourbonne. Aussi leurs propriétés participent selon les cas, tantôt des vertus attribuées aux eaux sulfureuses (Barèges), tantôt des eaux salines (Bourbonne). Elles sont excitantes, activent la circulation et élèvent la température ; en même temps que le pouls devient plus fréquent et plus fort, la transpiration augmente, mais ces phénomènes inflammatoires disparaissent après quelques jours d'usage et font place à la médication régulière. Des nombreuses observations recueillies, il résulte que les eaux de Guagno exercent une influence salutaire dans les affections de la peau ; les affections rhumatismales ; les arthrites chroniques et les réactions musculaires et tendineuses, suites de plaies par armes à feu ; dans les affections chroniques des organes respiratoires et notamment dans la bronchite ; dans la scrofule ; enfin et surtout dans les vices du sang, soit en rejetant le virus au dehors, soit en favorisant l'action et en augmentant l'efficacité des médicaments.

L'eau thermale de Guitera est distribuée par des conduits à un vaste établissement où se trouvent les baignoires. La température de la source est de 50° centigrades, et son débit de 380,000 litres par 24 heures. Leur composition chimique range ces eaux parmi les eaux sulfurées sodiques. Leur efficacité a été constatée par le traitement des rhumatismes, des engorgements articulaires et des contractions spasmodiques des muscles. En les faisant refroidir, on s'en sert pour les maladies cutanées et les affections chroniques de l'utérus.

Les eaux thermales de Pietrapola jaillissent par sept sources sur un plateau peu étendu, au centre du canton de Prunelli, et alimentent un établissement thermal. Ces eaux sont éminemment calmantes, dépuratives et toniques. La dose moyenne est d'un litre et demi dans les vingt-quatre heures, par verres ordinaires de demi-heure en demi-heure. Les affections arthritiques et rhumatismales les plus invétérées, même en étant suivies d'ankyloses, sont traitées avec le plus grand succès par les eaux de Pietrapola. Elles sont d'une égale efficacité contre la plupart des névralgies, certaines névroses, et d'une manière spéciale contre la névropathie générale. Les bronchites, les gastrites chroniques, certaines paralysies et une foule d'autres indispositions qu'il est inutile d'énumérer sont aussi traitées par les eaux de Pietrapola. L'établissement, pourvu d'un bassin de réfrigération, se compose de quatorze cabinets à bains très spacieux et de deux piscines.

Les eaux sulfureuses salines froides de Puzzichello se trouvent à quinze kilomètres d'Aleria et à deux kilomètres de la route forestière qui va de Vadina à Vivario. Ces eaux, dont la température ne dépasse pas 14° centigrades, contiennent du gaz hydrogène sulfureux, du gaz acide carbonique, des sulfates de chaux et de magnésie ; elles sont riches en barégine ; on les dit excellentes pour les affections dartreuses et scrofuleuses, pour la goutte, l'albuminurie, etc.

Les sources, au nombre de deux, donnent environ cent cinquante hectolitres d'eau par vingt-quatre heures. Ces eaux s'emploient en boisson, en bains et en douches. L'établissement renferme quatorze cabinets et deux piscines, une douche ascendante, deux buvettes et un local pour l'emploi des boues. À côté, sur la rive opposée d'un ruisseau qui se jette dans le Tagnone, s'élève un petit édifice affecté au logement des malades et entouré de jardins et de plantations. De nombreuses fermes ont été établies aux environs, des vignes y ont été plantées, et toute la contrée est aujourd'hui l'une des plus prospères de l'île.

L'établissement thermal de Caldaniccia est situé dans une petite plaine limitée par la route, d'un côté, et par la Gravona, de l'autre. Les sources sont au nombre de cinq et ont ensemble un débit de vingt mille litres par vingt-quatre heures. Leur température moyenne est de 37° centigrades. Elles sont limpides, douces au toucher, onctueuses et ont à leur point d'émergence un goût très prononcé d'œufs pourris. Ces eaux sont employées avec succès comme médication sédative, dans les névralgies, les spasmes, les tumeurs blanches et les affections chroniques de la poitrine.

Les eaux thermales d'Urbalacone, d'une température de 37°, ont été découvertes sur le territoire de cette commune par les habitants ; ils y ont fait construire un petit établissement, encore primitif, qui s'élève à une centaine de mètres de la route nationale. Les eaux d'Urbalacone n'ont pas été analysées, mais elles appartiennent à la classe des eaux sulfureuses.

Le petit établissement de Caldanelle se compose d'un simple bâtiment renfermant quelques baignoires où les pauvres gens vont prendre des bains. Ces eaux sont assez riches en sulfate de soude, de chaux et d'alumine. Il existe en outre de nombreuses sources thermales, utilisées seulement par les gens du pays telles que celles de Caldane près de Casta-gnetto-d'Alesani, celle de Caldane près de Sainte-Lucie-de-Tallano ; celle de Baraci près de Propriano, etc.

En dehors de ces industries, il faut encore mentionner en Corse : deux usines à gaz ; des fabriques de pâtes d'Italie ; des fabriques de bouchons ; quelques tanneries, des poteries, de nombreuses selleries, des manufactures de chaussures en cuir très épais, des taillanderies., des fabriques d'instruments aratoires, et le tissage d'étoffes grossières, en poil de chèvre, qui servent à confectionner le pelone, vêtement commun à tous les paysans corses.

XII. — Commerce ; chemins de fer ; routes.

Le département de la Corse exporte : des bois à brûler, des bois de construction, des cédrats frais et salés, des citrons et oranges, des châtaignes, du corail brut, des eaux minérales, du charbon de bois, des chevaux, de la cire, de l'huile d'olive, de la laine, des fruits frais et secs, du liège, des cornes de bétail, des peaux brutes et tannées. des poissons frais et salés, des vins ordinaires, du raisin frais, de l'écorce de tan, de la fonte de fer, des minerais de fer, d'antimoine et d'argent, du gibier, des résines, de la soie en cocons et en graine, etc.

Il importe : des bœufs, des porcs vivants, des viandes salées, des fourrages, des produits coloniaux, des spiritueux, de l'huile de pétrole, des pommes de terre, des fers ouvrés, de la poterie, et, en général, tous les objets servent à l'ameublement, à l'habillement et à la toilette.

L'ensemble du commerce extérieur de l'Île, pendant l'année 1875, a été évalué à 45,987,796 francs, dont 32,675,508 d'importation et 13,312,288 d'exportation. Les principaux ports de commerce sont : Ajaccio, Bastia, Bonifacio, Calvi, l'Ile-Rousse et Propriano.

Les travaux d'un chemin de fer central, qui reliera Ajaccio à Bastia, sont déjà commencés et poursuivis avec une grande activité. Le reste du réseau est à l'étude. Il aura 165 kilomètres de longueur.

Les voies de communication comptent 8,536 kilomètres, savoir :

9 routes nationales : 1,131
13 routes forestières : 500
9 routes départementales : 210

11 chemins vicinaux de grande communication : 448
46 chemins vicinaux d'intérêt commun : 1,165
Chemins vicinaux ordinaires : 5,082

XIII. — Dictionnaire des communes.

Les chiffres de la population sont ceux du dernier recensement (1831).

Afa, 1,053 h., C. d'Ajaccio.
Aghione, 428 h., C. de Vezzaui.
Aiti, 322 h., C. de San-Lorenzo.
Ajaccio, 18,005 h., ch.-l. du département. » Ajaccio, une des plus jolies villes de la Méditerranée, est une agréable station d'hiver. Assise au pied d'une colline dominant un golfe magnifique, elle a vis-à-vis d'elle de hautes montagnes couvertes de neige. Ses rues, larges, propres, bien entretenues, sont pavées en granit ; ses places, ombragées de platanes et d'acacias. — Cathédrale à coupole en forme de croix grecque (1585), spécimen de l'architecture italienne ; cuve en marbre blanc où fut baptisé Napoléon ; maître-autel en marbre d'une église de Lucques. — Chapelle des Grecs, joli monument du commencement du XVIe s. — Citadelle, élevée en partie en 1554. — Maison où naquit Napoléon Ier, située rue Saint-Charles. Une plaque de marbre fixée au-dessus de la porte de la maison rapporte que là naquit Napoléon Bonaparte, le 13 août 1769. — Dans le palais Fesch se trouve aussi la bibliothèque (rez-de-chaussée). Fondée par Lucien Bonaparte, ministre de l'Intérieur, elle s'est considérablement accrue des dons du cardinal Fesch et de l'abbé Marchi, des envois ministériels

et des acquisitions annuelles. Elle contient aujourd'hui 30,000 volumes, parmi lesquels 150 manuscrits, presque sans importance ; dans la cour, statue du cardinal Fesch, de Vital-Dubray. — Hôtel de la préfecture, charmante construction terminée en 1837 et entourée de jardins soigneusement entretenus. — Théâtre Saint-Gabriel, renfermant une belle salle où fondée par Sylla, et qui fut, jusqu'à sa se jouent en hiver des opéras italiens. — Hôtel de ville, où l'on montre l'acte de baptême de Napoléon. — Sur la place du Diamant, monument de la famille Bonaparte (5 statues représentant l'empereur à cheval et ses 4 frères à pied), inauguré le 15 mai 1865. — Chapelle mortuaire des Bonaparte, élevée par Napoléon III d'après les dessins de M. Paccard. — Établissement Fesch, affecté à l'instruction publique et dont l'aile nord contient un musée d'un millier de tableaux dont 600 sont sur ses bords les débris d'un vieux quai exposés dans 10 salles du palais au troisième étage et le reste déposé dans le comble du même édifice. Presque tous ces tableaux proviennent d'un legs du cardinal Fesch à la ville d'Ajaccio. un goulet, se remarque un îlot nommé Malheureusement il y a beaucoup plus de copies que d'originaux. — Marché, monument moderne élégant. —Hôpital et casernes. — Palais de Justice, terminé en 1873, n'offrant rien de remarquable. — Sur la place du Marché, fontaine monumentale, œuvre de M. Maglioli, ancien architecte de la ville d'Ajaccio ; elle est couronnée par la statue en marbre blanc du premier consul, remarquable par le fini des détails. Cette statue, œuvre de Laboureur, repose sur quatre lions en granit corse qui vomissent de l'eau ; de nombreux jets d'eau et un parterre de fleurs tropicales contribuent à l'ornementation de cette belle fontaine, — Statue du général Abbatucci, tué en 1796 à la défense d'Huningue, à l'âge de 25 ans. C'est une œuvre très mouvementée et pleine de vie, due au ciseau de M. Vital-Dubray. — Pénitencier agricole de Castelluccio, aux environs de la ville.

Alando, 141 h., C. de Sermano. Restes du château de Sambucuccio.

Alata, 435 h., C. d'Ajaccio. Restes des trois tours de Montichi.

Albertacce, 965 h., C. de Calacuccia. Forêt de Valdoniello, très riche en pins larix.

Albitreccia, 627 h., C. de Santa Maria-Sichè.

Aleria, 1,634 h., C. de Moite. Ce bourg a remplacé une ville romaine fondée par Sylla, et qui fut, jusqu'à sa destruction par les Sarrasins, pendant le Moyen Âge, la capitale de l'île. Il ne reste de cette ancienne ville que quelques ruines informes, les vestiges d'une maison prétoriale et les débris d'un cirque dont on reconnaît à peine quelques gradins en mauvais état. À 30 minutes d'Aleria se déroule la surface limpide de l'étang de Diana, qui fut sous les Romains le port d'Aleria, et que les historiens latins désignent sous le nom de Portus Dianae. On voit encore sur ses bords les débris d'un vieux quai auquel sont scellés de gros anneaux de fer, dont la destination était de retenir au port les galères romaines. Dans l'étang, qui communique à la mer par un goulet, se remarque un îlot nommé Pile des Pêcheurs. Cet îlot, qui mesure 400 mèt. environ de circuit et 25 mèt. d'altitude à son point le plus élevé, est. j couvert d'une végétation magnifique mêlée de quelques petits arbres. L'îlot entier est formé lui-même d'une immense accumulation d'écailles d'huîtres. Selon la tradition, cet amas d'écailles remonte au temps des Romains, alors qu'Aleria envoyait les huîtres de Diana aux riches sénateurs de Rome. — Pénitencier agricole de Casabianda.

Algajola, 167 h., C. de Muro. Restes de fortifications. — Dans l'église, belle Descente de Croix, attribuée au Guerchin.

Altagene, 250 h., C. de Santa-Lucia-di-Tallano.

Altiani. 577 h., C. de Piedicorte-di-Gaggio.

Alzi, 115 h., C. de Serrnano.

Ambiegna, 158 h., C. de Sari-d'Orcino.

Ampriani, 94 h., C. de Moita.

Antisanti, 777 h., C. de Vezzani.

Appietto, 696 h., C. d'Ajaccio. — Ruines d'un château du XIe s.

Arbellara, 472 h., C. d'Olmeto.

Arbori, 561 h., C. de Vico.

Aregno, 711 h., C. de Muro. Église ruinée de La Trinité.

Arguista-Moriccio, 378 h., C. de Petreto-Bicchisano.

Arro, 290 h., C. de Sari-d'Orcino.

Asco, 920 h., C. de Castifao.

Aullene, 1,064 h., C. de Serra-di-Scopamene. Sur la place, fontaine avec une statue d'une nymphe des eaux.

Avapessa, 234 h., C. de Muro.

Azilone-Ampaza, 457 h., C. de Santa-Maria-Sichè.

Azzana, 473 h., C. de Salies.

Balogna, 575 h., C. de Vico.

Barbaggio, 293 h., C. de Saint-Florent

Barrettali, 974 h., C. de Luri.

Bastelica, 3,196 h., ch.-1. de c. de l'arrond. d'Ajaccio. Maison où naquit Sampiero.

Bastelicaccia, 506 h., C. d'Ajaccio.

Bastia, 20,100 h., ch.-l. d'arrond. Bastia, d'où l'on voit les îles de Caprera, d'Elbe et de Monte-Cristo, est divisée en Terravecchia et Terranova. Bâtie par les Génois un peu dans le goût de la ville de Gènes, ses rues sont étroites et dallées en belles pierres. — Citadelle avec donjon du XVe s. ; commencé par Vincentello d'Istria. — L'église Sainte-Marie, située dans le quartier de la citadelle (1604), se distingue par une grande profusion de dorures, et par sa pauvreté en objets d'art. En dehors des deux, niches sculptées qui sont près du maître-autel, et du tombeau de Jérôme Biguglia, poète, historien et jurisconsulte corse, rien n'y attire l'attention du visiteur. — Saint-Jean-Baptiste, près du port, est l'église la plus riche et la plus vaste de Bastia. La chaire, toute en marbre corse, mérite une mention. On voyait autrefois dans le chœur les tombeaux du comte de Boissieux et de M. de Marbeuf, détruits en 1793. Il reste encore le tombeau de M. le comte de Montélégier, gouverneur de la Corse, mort en 1825. Cette église possède quelques tableaux dus à des artistes corses et quelques autres de l'école italienne, légués par le cardinal Fesch. — Les deux petites églises de Saint-Roch et de la Conception, élégants sanctuaires, sont enrichies par les prodigalités de deux confréries rivales. — Hôtel de ville moderne. — Palais de Justice, commencé en 1852, inauguré le 12 mai 1858 ; c'est une lourde et massive construction où le marbre a été prodigué sans discernement, et dont la disposition intérieure laisse beaucoup à désirer. — Hôpital civil et militaire, occupant l'ancien couvent de Saint-François, un des plus beaux édifices de Bastia. — Bibliothèque contenant environ 30,000 volumes provenant principalement des dons faits en 1846 par le docteur Prela, médecin du pape Pie VII, qui légua 16,000 volumes, par M. le docteur Sisca, qui a légué un fonds d'environ 11,000 volumes, par un don considérable du docteur Mattei de livres et de documents relatifs à la Corse. — Sur la place Saint-Nicolas, qui domine la mer, s'élève une statue colossale en marbre blanc, œuvre du sculpteur Florentin Bartolini, représentant Napoléon 1er en costume romain. — Place d'Armes. — Beau boulevard Traverse, long d'un kil. — Nouveau port dans l'anse Saint-Nicolas. —Environs remarquables.

Belgodere, 954 h., ch-l. de c., arrond. de Calvi.

Belredere-Campomoro, 309 h., C. de Sartène. Stantare, monument mégalithique.

Bigorno, 321 b., C. de Campitello.

Biguglia, 192 h., C. de Borgo. Étang insalubre mais très poissonneux, surtout en anguilles, qui sont exportées à Naples.

Bilia, 240 h., C. de Sartène.

Bisinchi, 662 h.., C. de Morosaglia. Pierres sulfureuses servant à préparer des bains.

Bocognano, 1,887 h., ch-l. de c. de l'arrond. d'Ajaccio. — Hôtel de ville monumental. B

Bonifacio, 5416 h., ch.-l. de c., arrond. de Sartène. Curieuses fortifications. — L'église de Sainte-Marie-Majeure, de construction pisane, riche en marbres et en porphyres, est un mélange d'architectures gothique et pisane (tombeau en marbre blanc du IIIe au IVe s.). — Église Saint-Dominique, construite à la fin du XIIIe s. par les Templiers, dont les armoiries sont sculptées dans les murs ; elle est reconnaissable de loin à son élégant clocher octogonal couronne de créneaux ; jubé du XVIIe s. Cette église possède plusieurs tableaux italiens, parmi lesquels une Descente de Croix., un Saint Vincent et un Saint Dominique. — L'église Saint-François, voisine de la précédente, remonte à la fin du XIVe s. Elle renferme les tombeaux de Raphaël Spinola, évêque d'Ajaccio, mort en 1457, et de Philippe Cattaciolo, qui fut l'hôte de Charles Quint pendant que l'empereur séjourna à Bonifacio. — Belle citerne derrière le convent voisin. — Le Torrione, grosse tour occupée par la poudrière. — Maison délabrée qu'habita Napoléon. — Grottes sous-marines, dont les plus remarquables sont la Dragonale. Sant' Antonio, San Bartolomeo et Montepertusato, et où l'on peut aller en bateau. Ces grottes sont habitées par une quantité prodigieuse de colombes ; à leurs voûtes pendent des stalactites ; elles sont tapissées de fleurs et de verdure, et l'on y trouve des sources d'eau douce. — Hospice civil, le plus ancien de toute la Corse. Son existence remonterait à la fondation même de la ville par le comte Boniface. Il fut considérablement enrichi pendant la peste de 1528 par les nombreux legs des mourants. — À 2 kilomètres, vieux convent franciscain de Saint-Julien (pèlerinage très fréquenté) ; à 7 kil., chapelle de La Trinité, sur une montagne (point de vue magnifique).

Borgo, 723 h., ch.-l. de c., arr. de Bastia.

Brando, 1,625 h., ch.-l. de c., arrond. de Bastia. Cascade. — Grotte, de 50 mèt. environ de longueur, ornée de stalactites et de stalagmites.

Brustico, 161 h., C. de Piedicroce.

Bustanico, 338 h., C. de Sermano.

Cagnano, 802 h., C. de Luri.

Calacuccia, 824 h., ch.-l. de c., arrond. de Corte.

Calcatoggio, 719 h., C. de Sari-d'Orcino.
Caldarello, 617 h., C. de Serra-di-Scopamene.
Calenzana, 2,639 h., ch.-l. de c., arrond. de Calvi. Vaste église très ornée. — Tombeau d'un missionnaire corse mort en 1782 et qu'une épitaphe peu modeste compare à Démosthène. — Ancienne chapelle restaurée de Santa-Restituta. — Ancienne église Saint-Pierre, bâtie par les Pisans ; substructions attribuées aux Romains.
Calvi, 2,023 h,, ch.-l. d'arrond. et de c. Fondée en 1268, Calvi eut à soutenir plusieurs sièges. En 1553, les Turcs et les Français alliés donnèrent successivement deux assauts qui furent repoussés ; les femmes montèrent sur les remparts à côté de leurs maris, et plusieurs périrent sur la brèche. En 1794, les Anglais lancèrent 1,000 bombes dans la place et la réduisirent en un monceau de ruines. — Sur la porte de la ville haute ou citadelle se lit l'inscription suivante en lettres d'or : *Civitas Calvi semper fidelis*, allusion à la brillante défense de 1553, dans laquelle les habitants montrèrent leur fidélité à la cause génoise. — Dans l'église (dôme assez hardi), tombeau de la famille Baglioni. Dans l'oratoire de Saint-Antoine, on conserve un crucifix miraculeux qui fut exposé sur les remparts la nuit qui précéda la levée du siège de 1553. — Le palais des anciens gouverneurs génois sert aujourd'hui de caserne ; un hôpital militaire a été construit à peu de distance, en 1810. — Traces du bombardement exécuté par les Anglais en 1791. — Sur la hauteur, chapelle de la Madone Della Serra, but de pèlerinage an mois de septembre. — Fort Muzello, dominant la ville et la rade.
Cambia, 399 h., C. de San-Lorenzo.
Campana, 203 h., C. de Piedicroce.

Campi, 271 h., C. de Pietra.
Campile, 903 h., ch.-l. de c., arr. de Bastia. Campitello, 310 h., ch.-l. de c., arrond. de Bastia.
Campo, 371 h., C. de Santa-Maria-Sichè.
Canale-di-Verde, 535 h., C. de Pietra.
Canari, 1,462 h., C. de Nonza. Ruines de Canelata. Ancienne église de l'Assomption, renfermant de vieilles pierres tombales, et plusieurs tableaux de différentes écoles italiennes, légués par le cardinal Fesch. — Dans l'église paroissiale, bon tableau peint sur bois ; tombeau du XVIe s., en marbre blanc ; tabernacle en bois doré et belle statuette de saint Roch, en marbre.
Canavaggia, 552 h., C. de Campitello.
Cannelle, 191 h., C. do Sari-d'Orcino.
Carbini, 361 h., C. de Levie.
Carbuccia, 542 h., C. de Bocagnano.
Carcheto, 316 h., C. de Piedicroce.
Cargèse, 955 h., C. de Piana. Église grecque.
Cargiaca, 441 h., C. de Santa-Lucia-di-Tallano.
Carpineto, 330 h., C. de Piedicroce.
Carticasi, 355 h., C. de San-Lorenzo.
Casablanca, 299 h., C. de Porta.
Casaglione, 521 h., C. de Sari-d'Orcino.
Casalabriva, 428 h., C. de Petreto-Bicchisano.
Casalta, 240 h., C. de Porta.
Casamaccioli, 528 h., C. de Calacuccia.
Casanova, 232 h., C. de Venaco.
Casevecchie, 285 h., C. de Vezzani.
Cassano, 413 h., C. de Calenzana.
Castellare-di-Casinca, 563 h., C. de Vescovato.
Castellare-di-Mercurio, 273 h., C. de Sermano.

Castello-di-Rostino, 706 h., C. de Morosaglia.
Castillao, 640 h., ch.-l, de c., arr., de Corte.
Castiglione, 250 h., C. d'Omessa. Grotte dans le Monte Tafonato.
Castineta, 239 h., C. de Morosaglia.
Castirla, 289 h., C. d'Omessa.
Cateri, 506 h., C. de Muro.
Cauro, 780 h., C. de Bastelica.
Centuri, 720 h., C. de Rogliano.

Cervione.

Cervione, 1,912 h., ch.-l.. de c., arrond. de Bastia. Ruines de l'ancien évêché d'Aleria. — Église Sainte-Christine, du XVe s., bel édifice bâti en pierres blanches et dont la construction est attribuée à tort aux Sarrasins. Composée de deux absides jumelles séparées de la nef par un transept, elle est décorée intérieurement de peintures fort remarquables. Ce curieux édifice a été pour la première fois signalé par Mérimée. Son plan si original ne se retrouve dans aucune église du continent ; toutefois la chapelle romane du château de Polignac (Haute-Loire) s'en rapprochait beaucoup par ses absides jumelles creusées aux angles du chœur. — Sur un pic qui domine la ville, chapelle renfermant une belle statue de la Vierge (XVIe s.) en marbre blanc.

Chiatra, 406 h., C. de Pietra. Ferme fortifiée de Giustiniana. — Tour bien conservée de Caseli.

Ciamanacce, 706 h., C. de Zicavo.

Coggia, 711 h., C. de Vico.

Cognocoli-Montichi, 534 h., C. de Santa-Maria-Sichè.

Conca, 665 h., C. de Porto-Vecchio.

Corbara, 1,013 h., C. de l'Ile-Rousse.

Corrano, 464 h., C. de Zicavo.

Corscia, 964 h., C. de Calacuccia.

Corte, 5,156 h., ch.-l. d'arrond. Ruines d'un convent de franciscains fondé en 1460. — Maison où Paoli avait installé le gouvernement national. — Maison d'Arrighi de Casanova, où la famille Bonaparte s'établit pendant les guerres de l'indépendance. — Statues de Paoli, d'Arrighi de Casanova, de Joseph Bonaparte. — Belle caserne. Château fort bâti par Vincentello d'Istria, vers 1420. — Fontaine monumentale.

Costa, 200 h., C. do Belgodere.

Coti-Chiavari, 1,842 h., C. de Santa-Maria-Sichè. Pénitencier agricole de Chiavari.

Cozzano, 889 h., C. de Zicavo.

Cristinacce, 462 h., C. d'Evisa.

Croce, 515 h., C. de Porta.

Crocicchia, 351 h., C. de Campile.
Cutoli-Corticchiato, 847 h., C. de Sarrola-Carcopino.
Eccica-Suarella, 600 h., C. de Bastelica.
Favalello, 73 h., C. de Sermano.
Felce, 389 h., C. de Valle-d'Alesani.
Feliceto, 593 h., C. de Muro.
Ficaja, 554 h., C. de Porta.
Figari, 896 h., C. de Levis. Tour du XIIIe s. — On découvre fréquemment sur le territoire des cercueils d'une époque inconnue.
Foce, 377 h., C. de Sartène.
Focicchia, 212 h., C. de Piedicorte-di-Gaggio.
Forciolo, 303 h., C. de Santa-Maria-Sichè.
Erbajolo, 504 h., C. de Piedicorte-di-Gaggio.
Erone, 97 h., C. de San-Lorenzo.
Ersa, 1,093 h., C. de Rogliano.
Evisa, 928 h., ch.-l. de c., arrond. d'Ajaccio. Vue magnifique. — Ruines d'une chapelle. — Fontaine surmontée du buste du docteur Ceccaldi, ancien médecin inspecteur de l'armée.
Farinole, 590 h., C. de Saint-Florent. Tour ruinée.
Fozzano, 629 0., C. d'Olmeto.
Frasseto, 703 h., C. de Santa-Maria-Sichè. Clocher avec 3 clochetons.
Furiani, 310 h., C. de Bastia. Antique forteresse. — Église en granit.
Galeria, 1,025 h., C. de Calenzana.
Gatti-di-Vivario, 1,210 h., C. de Venaco. Sur le seuil de l'église, ancienne pierre funéraire portant une inscription. — Sur la place, fontaine surmontée d'une Diane chasseresse.

Gavignano, 407 h. ; C. de Morosaglia.
Ghisonaccia, 818 h., C. de Ghisoni.
Ghisoni, 1,750 h., ch.-l. de c. de l'arrond. de Corte. Rochers de Kyrie-Eleïson. — Défilé de l'Inzecca.
Giocatojo, 188 h., C. de Porta.
Giuncaggio, 533 h., C. de Piedi-Corte-di-Gaggio.
Giuncheto, 255 h., C. de Sartène.
Granace, 232 h., C. de Sartène.
Grossa, 438 h., C. de Sartène.
Grosseto-Prugna, 638 h., C. de Santa-Maria-Sichè.
Guagno, 1,074 h., C. de Soccia. — Bains de Guagno.
Guargualè, 401 h., C. de Santa-Maria-Sichè.
Guitera, 335 h., C. de Zicavo.
Ile-Rousse (L'), 1,503 h., ch.-l. de c., arrond. de Calvi.
Isolaccio, 1,616 h., C. de Prunelli-di-Fiumorbo.
Lama, 512 h., ch.-l. de c., arrond. de Bastia.
Lano, 106 h., C. de San-Lorenzo.
Lavatoggio, 350 h., C. de Muro.
Lecci, 229 h., C. de Porto-Vecchio.
Lento, 472 h., C. de Campitello.
Letia, 978 h., C. de Vico.
Levie, 2,010 h., ch.-l. de c., arrond. de Sartène. Dans l'église, remarquable Christ en ivoire de la Renaissance ; tableau de maître dans la sacristie.
Linguizzetta, 605 h., C. de Pietra.
Lopigna, 579 h., C. de Sari-d'Orcino.
Loreto-di-Casinca, 1,197 h., C. de Vescovato.
Loreto-di-Tallano, 204 h., C. de Santa-Lucia-di-Tallano.
Lozzi, 1,033 h., C. de Calacuccia.
Lucciana, 638 h., C. de Borgo.
Lugo-di-Nazza, 552 h., C. de Ghisoni.

Lumio, 931 h., C. de Calvi.

Lunghignano, 165 h., C. de Calenzana.

Luri, 1,994 h., ch.-l. de c., arrond. de Bastia. Dans l'église, bonne copie d'un tableau de Raphaël, par Conca. — Tour de Sénèque, sur un pic du mont de Ventegiolle. La tradition vent que Sénèque, exilé en Corse, ait habité cette tour, qui est un donjon du Moyen Âge.

Manso, 359 h., C. de Calenzana.

Marignana, 895 h., C. d'Evisa.

Matra, 293 h., C. de Moita.

Mausoleo 168 h., C. d'Olmi-Cappella.

Mazzola, 213 h., c.de Sermano.

Mela, 226 h., C. de Santa-Lucia-di-Tallano.

Meria, 893 h., C. de Luri.

Moca-Croce, 718 h., C. de Petreto-Bicchisano.

Moita, 826 h., ch.-1.,de c., arr. de Corte.

Moltifao, 1,039 h., C. de Castifao.

Monacia, 867 h., C. de Serra-di-Scopamene.

Monacia, 303 h., C. de Piedicroce.

Moncale, 446 h., C. de Calenzana.

Monte, 1,012 h., C. de Campile.

Montemaggiore, 461 h., C. de Calenzana.

Monticello, 561 h., C. de 1'Ile-Rousse. Sur le mamelon de Capo-Spinello, vestiges d'une forteresse construite par les Pisans en 1280. — Le hameau d'Ocerglioni occupe, dit-on, l'emplacement de la cité phénicienne d'Agila.

Morosaglia, 1,057 h., ch.-l. de' c., arr. de Corte.

Morsiglia, 700 h., C. de Rogliano Vieilles tours de défense, carrées et à mâchicoulis. Église offrant une belle colonnade en granit.

Muracciole, 206 h., C. de Venaco. Forêts de Sorba et de Corba.

Murato, 1,206 h., ch.-l. de c., arrond. de Bastia. A quelques kil. du bourg, trois églises de construction pisane : Saint-Michel, Saint-Nicolas, Saint-Césaire. Les deux dernières ne sont qu'une imitation do la première, qui est la plus remarquable. « C'est, a dit Mérimée, la plus étrange et la plus jolie église qu'il y ait en Corse. » Elle renferme un beau tableau de l'école de Titien (Madeleine repentante).

Muro, 1,064 b., ch.-l. de c., arr. de Calvi.

Murzo, 388 h., C. de Vico.

Nessa, 366 h., C. de Muro.

Nocario, 506 h., C. de Piedicroce.

Noceta, 404 h., C. de Vezzani.

Nonza, 507 h., ch.-l. de c., arr. de Bastia. Vieille tour carrée. — Fontaine Sainte-Julie à laquelle on attribue des propriétés curatives.

Novale, 291 h., C. de Valle. d'Alesani.

Novella, 521 h., C. de Belgodere.

Ocana, 613 h., C. de Bastelica.

Occhiatana, 647. h., C. de Belgodere.

Olmeta-di-Tuda, 488 h., C. d'Oletta. Château construit par le maréchal Sebastiani.

Olmeto, 1,877 h., ch.-l. de c. de l'arr. de Sartène. Ruines du château d'Arrigo della Rocca, envahies par une végétation luxuriante. — Gracieuse église moderne. Ruines d'un ancien convent.

Olmi-Cappella, 866 h., ch.-1. de c., arrond. de Calvi.

Olmiccia, 415 h., C. de Santa-Lucia-di-Tallano.

Olmeto.

Ogliatro, 297 h., C. de Nonza.

Oleani. 249 h.. C. de Nonza.

Oletta. 1.218 h., ch.-l. de c., arr. de Bastia. Couvent de Saint-François, dans une magnifique position. — Mausolée du général Rivarola, mort gouverneur de Malte.

Olivese, 674 h., C. de Petretobicchisano.

Olmeta-di-Capocorso, 533 h., C. de Nonza.

Olmo, 553 h., C. de Campile.

Omessa, 903 h., ch.-l. de c. de l'arrond. de Corte. Restes d'un château.

Orezza, commune de Piedicroce. Eaux gazeuses célèbres. V. p. 44.

Ortale, 262 h., C. de Valle-d'Alesani.

Ortiporio, 524 h., C. de Campile.

Orto, 500 h., C. de Soccia.

Osani, 551 h., C. d'Evisa.

Ota, 1,058 h., C. de Piano. Énorme rocker qui surplombe. — Grandiose gorge des Spelunques,

Palasca, 513 h., C. de Belgodere.

Palneca, 1,022 h., C. de Zicavo.

Pancheraccia, 313 h., C. de Piedicorte-di-Gaggio.

Parata, 142 h., C. de Piedicroce.

Partinello, 292 h., C. d'Evisa.

Pastricciola, 710 h., C. de Salice.

Patrimonio, 609 h., C. de Saint-Florent.

Penta-Acquatella, 231 h., C. de Campile.

Penta-di-Casinca, 1,073 h., C. de Vescovato.

Perelli, 450 h., C. de Valle-d'Alesani.

Peri, 683 h., C. de Sarrola-Carcopino.

Pero-Casevecchie, 605 h., ch.-l. de c., arrond. de Bastia.

Petreto-Bicchisano, 1,114 h., ch.-l. de c., arrond. de Sartène.

Piana, 1,356 h., ch.-l. de e., arr. d'Ajaccio. Ruines d'anciens châteaux-forts. — Les Calanche, immenses rochers de granit rouge aux formes bizarres. — Restes du château de la Foce-d'Orto.

Pianello, 613 h., C. de Moita.

Piano, 167 h., C. de Porta.

Piazzali, 101 h., C. de Valle-d'Alesani.

Piazzole, 262 h., C. de Piedcroce.

Piedicorte-di-Gaggio, 857 h., ch.- 1. de c.. arrond. de Corte.

Piedicroce, 582 h., ch.-l. de c., arr. de Corte. Eaux d'Orezza.

Piedigriggio, 189 h., C. d'Omessa. Ruines du château de Serravalle.

Piedipartino, 115 h., C. de Piedicroce.

Pied'Orezza, 360 h., C. de Piedicroce.

Pietra, 821 h., ch.-l. de c., arr. de Corte.
Pietra-Corbara, 919 h., C. de Brando.
Pietralba, 678 h., C. de Lama.
Pietraserena, 442 h., C. de Piedi-Corte-di-Gaggio.
Pietricaggio, 342 h., C. de Valle-d'Alesani.
Pietrosella, 263 h., C. de Santa-Maria-Sichè.
Pietroso, 539 h., C. de Vezzani.
Pieve, 347 h., C. de Murato.
Pigna, 185 h., C. de l'Ile-Rousse.
Pila-Canale, 992 h., C. de Santa-Maria-Sichè.
Piobbeta, 230 h., C. de Valle-d'Alesani.
Pioggiola, 476 h., C. d'Olmi-Cappella.
Pino, 591 h., C. de Luri. — Vieille tour. — Église richement ornée ; belle statue de la Vierge.
Poggio-di-Nazza, 885 h., C. de Ghisoni.
Poggio-di-Tallano, 160 h., C. de Santa-Lucia-di-Tallano. Poggio-di-Venaco, 530 h., C. de Venaco.
Poggio d'Oletta, 554 h., C. d'Oletta.
Poggio-Marinaccio, 150 h., C. de Porta.
Poggio-Mezzana, 462 h., C. de Pero-Casevecchie.
Poggiolo, 558 h., C. de Soccia.
Polveroso, 215 h., C. de Porta.
Popolasca,.158 h., C. d'Omessa.
Porri, 281 h., C. de Vescovato.
Porta, 645 h., ch.-l. de c., arr. de Bastia.
Porto-Vecchio, 2,655 h., ch.-l. de c., arrond. de Sartène. Vieilles murailles flanquées de 5 tours. — Magnifique pont de 5 arches en granit, sur le Stabbiaccu.
Prato, 361 h., C. d'Omessa. Propriano, 891 h., C. d'Olmeto.
Prunelli-di-Casacconi, 609 h., C. de Canipile.

Prunelli-di-Fiumorbo, 965 h., ch.-l. de c., arrond. de Corte.
Pruno, 412 h., C. de Poria.
Quasquara, 265 h., C. de Santa-Maria-Sichè.
Quenza, 329 h., C. de Serra-di-Scopamene. Ruines du château de Saint-Launet.
Quercitello, 302 h., C. de Porta.
Rapale, 306 h., C. de Murato.
Rappaggio, 187 h., C. de Piedicroce.
Renno, 889 h., C. de Vico.
Riventosa, 355 h., C. de Venaco.
Rogliano, 1,615 h., ch.-1. de c., arrond. de Bastia. — Cap Corse. — Tour eu ruine. — Trois hameaux entourés de tours carrées à mâchicoulis.
Rosazia, 508 h.. C. de Salice.
Rospigliani, 233 h., C. de Vezzani.
Rusio, 320 h., C. de San-Lorenzo.
Rutali, 568 h., C. de Murato.
Saint-Florent. 797 h., ch.-l. de c.. arrond. de Bastia, sur le golfe du même nom.
Salice, 158 h.. ch.-l. de c., arrond. d'Ajaccio.
Saliceto, 271 h.. C. de Morossaglia.
Sampolo, 531 h., C. de Zicavo.
San-Lorenzo, 515 h., ch.-l. de c. de l'arrond. de Corte.
San-Martino-di-Lota, 920 h., ch.-l. de c. de l'arrond. de Bastia.
San-Nicolao, 753 h., ch.-1. de c., arrond. de Bastia.
Sant'Andrea-di-Bozio, 698 h., C. de Sermano.
Sant'Andrea-di-Cotone, 800 h., C. de Cervione.
Sant'Andrea-di-Tallano, 230 h., C. de Santa-Lucia-di-Tallano.
San-Damiano, 313 h., C. de Porta.

San-Gavino-d'Arnpugnani, 502. h., C. de Porta.
San-Gavino-di-Carbini, 770 h., C. de Levie.
San-Gavino-di-Tenda, 258 h., C. de Santo-Pietro-di-Tenda.
San-Giovanni, 545 h., C. de San-Nicolao.
San-Giuliano, 255 h., C. de Cervione.
Sant'Andrea-d'Orcino, 265 h. C. de Sari-d'Orcino.
Sant' Antonino, 362 h., C. de l'Île-Rousse.
Santa-Lucia-di-Mercurio, 520 h. C. de Sermano.
Santa-Lucia-di-Moriani, 221 h.. C. de San-Nicolao.
Santa-Lucia-di-Tallano, 1,259 h., ch.-l., de c., arrond. de Sartène. Ancien couvent de Cordeliers. converti en étable. — Église du XIVe s. Tombeau de 1472 ; bel autel en marbre ; dans la sacristie, bon tableau du XIVe s. et charmant petit bas-relief en marbre, de 1499. — Source thermale de Caldane, exploitée.
Santa-Maria-di-Lota, 586 h., c, de San-Martino-di-Lota.
Santa-Maria-Figaniella, 267 h., C. d'Olmeto.
Santa-Maria-Poggio, 307 h., C. de San-Nicolao.
Santa-Maria-Sichè, 744 h., ch.-1. de c., arrond. d'Ajaccio. — Tour de Vanina. — Ruines du château de Sampiero.
Santa-Reparata-di-Balagna, 1,251 h., C. de l'Île-Rousse.
Santa-Reparata-di-Moriani, 473 h., C. de San-Nicolao.
Santo-Pietro-di-Tenda, 1,196 h., ch.-l. de c. de l'arrond. de Bastia.
Santo-Pietro-di-Venaco, 369 h., C. de Venaco. — Vue magnifique, du mamelon qui domine le château du comte Pozzo-di-Borgo.
Sari-di-Porto-Vecchio, 713 h., C. de Porto-Vecchio.
Sari-d'Orcino, 1,013 h., ch.-l. de c., arrond. d'Ajaccio. — Ruines de trois châteaux.

Sarrola-Carcopino, 931 h., ch.-l. de c., arrond. d'Ajaccio.
Sartène, 5,748. h., ch.-l. d'arrond. — Sartène se divise en deux parties : le quartier Sainte-Anne, ou ancienne ville, et le faubourg, ou ville neuve. Les rues du faubourg sont restées ce qu'elles étaient du temps des Génois et des Pisans. Dans l'église, beaux tableaux de l'école italienne. — Dans les environs, gigantesque rocher dit l'Homme de Cagna.

Sartène.

Scanafaghiaccia, 339 h., C. de Salice.
Scata, 158 h., C. de Porta.
Scolca, 371 h., C. de Campitello.
Sermano, 276 h., ch.-1, de c., arrond. de Corte.
Serra-di-Ferro, 547 h., C. de Santa-Maria-Sichè.
Serra-di-Fiumorbo, 609 h., C. de Prunelli-di-Fiumorbo.
Serra-di-Scopamene, 721 h., eh.- de c., arrond. de Sartène.

Serraggio, 1,8041 h., ch.-l. du c. de Venaco.

Serriera, 382 h., C. d'Evisa.

Silvareccio, 525 h., C. de Porta.

Sisco, 1,154 h., C. de Brando. — Chapelle de style byzantin (1355-1469) ; crypte fort ancienne.

Soccia, 852 h., ch.-l. de c., arrond. d'Ajaccio.

Solaro, 588 h., C. de Prunelli-di-Fiumorbo.

Sollacaro, 1,024 h., C. de Petreto-Bicchisano. — Au milieu d'une luxuriante végétation, sur un mamelon pittoresque, débris du château de Vincentello d'Istria.

Sorbollano, 434 h., C. de Serra-di-Scopamene.

Sorbo-Ocagnano, 723 h., C. de Vescovato.

Sorio, 558 h., C. de Santo-Pietro-di-Tenda. — Restes d'une tour. — Dans l'église, beau maitre-autel.

Sotta, 894 h., C. de Serra-di-Scopamene.

Soveria, 240 h., C. d'Omessa.

Speloncato, 978 h., C. de Muro.

Stazzona, 222 h., C. de Piedicroce.

Taglio-Isolaccio, 621 h., C. de Pero-Casevecchie.

Talasani, 472 h., C. de Pero-Casevecchie.

Tallone, 334 h., C. de Moita.

Tarrano, 392 h., C. de Valle-d'Alesani.

Tasso, 562 h., C. de Zicavo.

Tavaco, 169 h., C. de Sarrola-Carcopino.

Tavera, 824 h., C. de Bocognano.

Tivolaggio, 99 h., C. de Sartène.

Tolla, 620 h., C. de Bastelica.

Tomino, 716 h., C. de Rogliano.

Torgia-Cardo, 78 h., C. de Santa-Maria-Sichè.

Tox, 404 h., C. de Pietra.

Tralonca, 339 h., C. de Sermano.
Ucciani, 1,124,h., C. de Bocognano.
Urbalacone, 247 h., C. de Santa-Maria-Sichè.
Urtaca, 387 h., C. de Lama.
Vallecale, 336 h., C. d'Oletta.
Valle-d'Alesani, 621 h., ch.-1, de c., arrond, de Corte.
Valle-di-Campoloro, 307 h., C. de Cervione.
Valle-di-Mezzana, 389 h., C. de Sarrola-Carcopino.
Valle-di-Rostino, 595 h., C. de Morosaglia.
Valle-d'Orezza, 232 h., C. de Piedicroce.
Vallica, 246 h., C. d'Olmi-Cappella.
Velone-Orneto, 535 h., C. de Pero-Casevecchie. arrond. de Bastia. — Dans l'église, beau tabernacle en marbre. — Maison où naquit le fameux patriote corse Andréa Colonna Ceccaldi et où se réfugia Murat (1815) avant de partir pour son expédition de Calabre. — Maison (XVIe s.) de l'historien Filippini. — Belles cascades. — À 1 kil., ruines d'un couvent de Franciscains.
Vezzani, 851 h., ch.-l. de e., arrond. de Corte.
Vico, 1,991 h., ch.-l. de c., arrond. d'Ajaccio.
Venaco, 2 001 hab. en 1886, nom d'une ancienne piève formant aujourd'hui un canton, de l'arrondissement de Corte, dont le ch.-l. est Serraggio. La commune portait le nom de Serraggio jusqu'en 1874 et sa fusion avec Lugo-di-Venaco.
Ventiseri, 1,230 h., C. de Prunelli-di-Fiumorbo. — Ruines de deux châteaux.
Venzolasca, 1,222 h., C. de Vescovato.
Verdese, 295 h., C. de Piedicroce.
Vero, 637 h., C. de Bocognano.

Vescovato, 1,532 h., ch.-l. de c., arrond. d'Ajaccio. — Belles promenades. — Dans le couvent de Saint-François, beaux tableaux de l'école italienne (XVe et XVIe s.). — La Cuma, montagne en pain de sucre, couverte d'une magnifique forêt de châtaigniers. — Curieuse montagne de la Sposata, hérissée d'aiguilles de granit.

Vico.

Viggianello, 468 h., C. d'Olmeto.
Vignale, 445 h., C. de Borgo.
Villanova, 406 h., C. d'Ajaccio.
Ville-di-Paraso, 714 h., C. de Belgodere.
Ville-di-Pietrabugno, 521 h., C. de San-Martino-di-Lota.
Volpajola, 548 h., C. de Campitello.
Zalana, 659 h., C. de Moita.
Zerubia, 234 h., C. de Serra-di-Scopamene.
Zevaco, 506 h., C. de Zicavo.

Zicavo, 1,484 h., ch.-l. de c., arr. d'Ajaccio. — Magnifiques châtaigniers. — Beaux pâturages de Cosciona, dominée par l'Incudine.

Zigliara, 619 h., C. de Santa-Maria-Sichè.

Zilia, 762 h., C. de Calenzana..

Zonza, 1,022 h., C. de Levie. — Jolie église moderne, gothique, avec porche.

Zoza, 274 h., C. de Santa-Lucia-di-Tallano.

Zuani, 323 h., C. de Moita.

9130. — Imprimerie A. Lahure, rue de Fleurus, 9, à Paris.

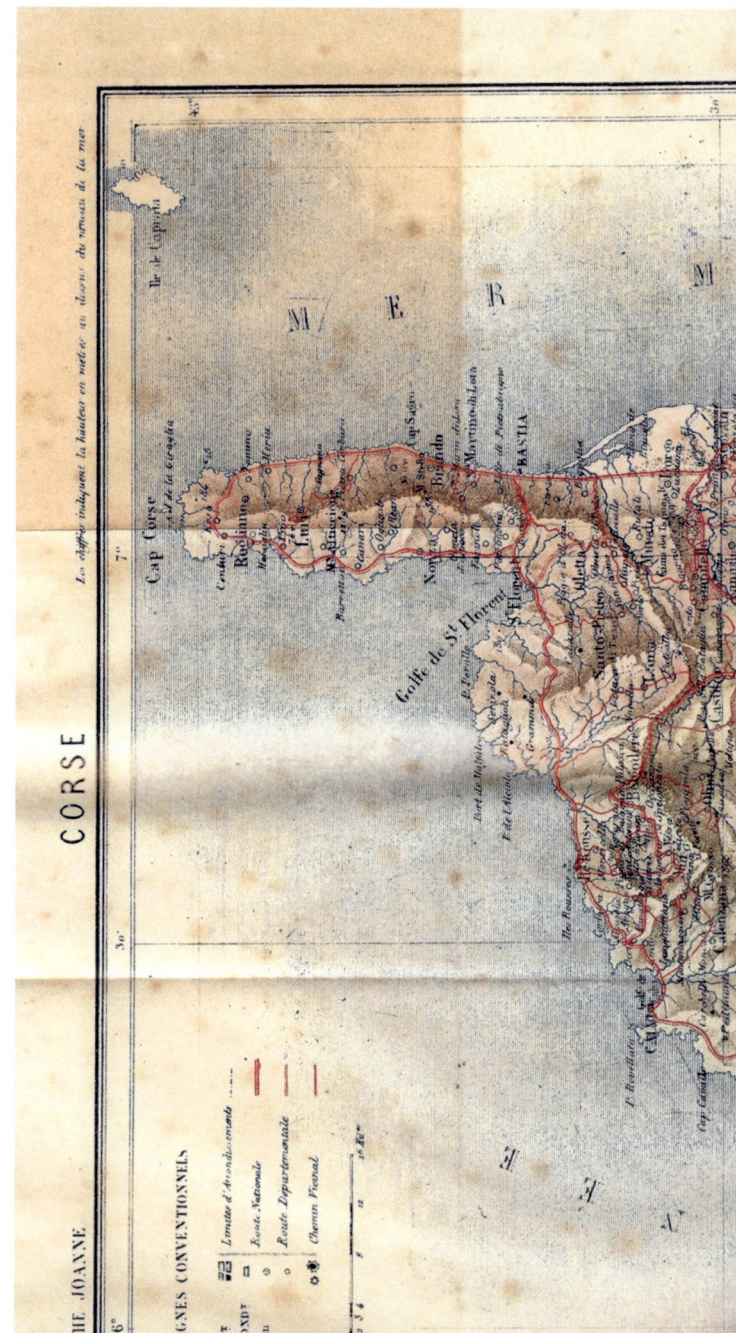

LISTE DES COMMUNES ET VILLAGES CORSES

(classement par code postal)

20100 BILIA
20100 FOCE
20100 GIUNCHETO
20100 GRANACE
20100 GROSSA
20100 SARTENE
20100 SERRAGIA
20100 TIVOLAGGIO
20100 TIZZANO
20110 ARBELLARA
20110 BELVEDERE CAMPOMORO
20110 CAMPOMORO
20110 PROPRIANO
20110 VIGGIANELLO
20211 CALCATOGGIO
20111 CASAGLIONE
20111 TIUCCIA
20112 ALTAGENE
20112 MELA
20112 OLMICCIA
20112 STE LUCIE DE TALLANO
20112 ZOZA

20113 MARINCA D'OLMETO
20113 OLMETO
20114 FIGARI
20114 POGGIALE
20115 PIANA
20116 AULLENE
20116 ZERUBIA
20117 CAURO
20117 ECCICA SUARELLA
20117 OCANA
20117 TOLLA
20118 SAGONE (Savone)
20121 AZZANA
20121 PASTRICCIOLA
20121 REZZA
20121 ROSAZIA
20121 SALICE
20122 QUENZA
20123 COGNOCOLI MONTICCHI
20123 MARATO
20123 PILA CANALE
20123 PRATAVONE
20124 ZONZA
20125 GUAGNO LES BAINS
20125 ORTO
20125 POGGIOLO
20125 SOCCIA

20126 CRISTINACCE
20126 EVISA
20127 SERRA DI SCOPAMENE
20128 ALBITRECCIA
20128 GROSSETO PRUGNA
(Grussetu Prugna)
20128 GUARGUALE
20128 MOLINI
20128 URBALACONE
20128 URBALACONE (Urbalaconu)
20129 BASTELICA
20129 BASTELICACCIA
20130 CARGESE
20171 MONACIA D'AULLENE
20131 PIANOTTOLI CALDARELLO
20132 ZICAVO
20133 CARBUCCIA
20133 UCCIANI
20134 CIAMANNACCE
20134 GIOVICACCE (Ghjuvicacce)
20134 PALNECA
20134 SAMPOLO
20134 TASSO
20135 CONCA
20135 TARCO (Tarcu)
20136 BOCOGNANO
20137 CALLA ROSSA

20137 BACCA
20137 LECCI
20137 MURATELLO
20137 OSPEDALE
20137 PALAVESE
20137 PALOMBAGGIA
20137 PORTO VECCHIO
20137 RIBBA GIALLA
20137 SAN CIPRIANO (San Ciprianu)
20137 SAN MARCO (San Marcu)
20138 COTI CHIAVARI
20138 PORTIGLIOLO (Purtigliolu)
20138 VERGHIA
20139 LOPIGNA
20140 ARGIUSTA MORICCIO
20140 CASALABRIVA
20140 MOCA CROCE
20140 OLIVESE
20140 PETRETO BICCHISANO
20140 PORTO POLLO (Portu Pollo)
20140 SERRA DI FERRO
20140 SOLLACARO
20140 STILLICIONE
20141 MARIGNANA
20142 CAMPO
20142 QUASQUARA
20143 FOZZANO

20143 SANTA MARIA FIGANIELLA
20144 PINARELLO
20144 STE LUCIE DE PORTO VECCHIO
20145 FAVONE
20145 MARINE DE CANELLA
(À Marina di Canella)
20145 SARI DI PORTO VECCHIO
(Sari di Porti Vechju)
20145 SARI SOLENZARA
20145 SOLENZARA
20146 SCAELLA (Scalella)
20146 SOTTA
20147 CURZO
20147 GIROLATA (Girulata)
20147 OSANI
20147 PARTINELLO
20147 SERRIERA
20148 COZZANO
20150 OTA
20150 PORTO
20151 AMBIEGNA
20151 ARRO
20151 CANNELLE
20151 SANT'ANDREA D'ORCINO
20151 SARI D'ORCINO
20152 SORBOLLANO
20153 GUITERA LES BAINS

20157 FRASSETO (Frassetu)
20160 ARBORI
20160 BALOGNA
20160 COGGIA
20160 GUAGNO
20160 LETIA
20160 MURZO
20160 RENNO
20160 VICO
20163 TAVERA
20164 CARGIACA
20165 LORETO DI TALLANO
20166 BISINAO
20166 ISOLELLA (Lisula)
20166 PIETROSELLA
20166 PORTICCIO
20167 AFA
20167 ALATA
20167 APPIETTO
20167 CUTTOLI CORTICCHIATO
20167 PERI
20167 SARROLA CARCOPINO
20167 TAVACO
20167 VALLE DI MEZZANA
20167 VILLANOVA
20168 CORRANO (Curr)
20169 BONIFACIO

20170 CARBINI
20170 LEVIE
20170 TRINITE DE PORTO VECCHIO
(Trinit di Porti Vechju)
20170 SAN GAVINO DI CARBINI
20170 TIROLO
20172 SUARICCHIO
20172 VERO
20173 ZEVACO
20190 AZILONE AMPAZA
(Azilonu Ampaza)
20190 CARDO TORGIA (Cardu Torghja)
20190 FORCIOLO (Furciolu)
20190 SANTA MARIA SICHE
20190 ZIGLIARA
20200 CARDO
20200 FIGARELLA
20200 MANDRIALE
20200 MIOMO
20200 PIETRANERA (Petranera)
20200 SAN MARTINO DI LOTA
20200 SANTA MARIA DI LOTA
20200 VILLE DI PIETRABUGNO
20212 ALANDO
20212 ALZI
20212 BUSTANICO
20212 CASTELLARE DI MERCURIO

20212 CHIALZA
20212 ERBAJOLO
20212 FAVALELLO
20212 FOCICCHIA
20212 MAZZOLA
20212 SANT'ANDREA DI BOZIO
20212 SERMANO
20213 CASTELLARE DI CASINCA
20213 FOLELLI (I Fulelli)
20213 PRUNO
20213 SAN DAMIANO
20213 SAN GAVINO D'AMPUGNANI
20213 SCATA
20213 PENTA DI CASINCA
20213 QUERCIOLO (U Quarciolu)
20213 SORBO OCAGNANO
20214 CALENZANA
20214 MONCALE
20214 MONTEGROSSO
20214 SUARE
20214 ZILIA
20215 CASALTA
20215 LORETO DI CASINCA
20215 PIANO (U Pianu)
20215 PORRI
20215 SILVARECCIO
20215 VENZOLASCA

20215 VESCOVATO
20217 CANARI
20217 CASTA
20217 NONZA
20217 OGLIASTRO
20217 OLCANI
20217 OLMETA DI CAPO CORSO
20217 SAINT FLORENT
20218 CASTIFAO
20218 CASTIGLIONE
20218 CASTINETA
20218 GAVIGNANO
20218 LAMA
20218 MOLTIFAO
20218 MOROSAGLIA
20218 PIEDIGRIGGIO
20218 PIETRALBA
20218 PONTE LECCIA
20218 POPOLASCA
20218 PRATO DI GIOVELLINA
20218 SALICETO (U Salgetu)
20218 URTACA
20219 MURACCIOLE
20219 NOCETA
20219 ROSPIGLIANI
20219 TATTONE
20219 VIVARIO

20219 VIZZAVONA
20220 ALGAJOLA
20220 AREGNO
20220 ILE ROUSSE
20220 MONTICELLO
20200 PARTINE
20220 PIGNA
20220 SANT'ANTONINO
20220 SANTA REPARATA DI BALAGNA
20221 CERVIONE
20221 PRUNETE
20221 SANT'ANDREA DI COTONE
20221 SANTA MARIA POGGIO
(Santa Maria Poghju)
20221 VALLE DI CAMPOLORO
20222 BRANDO
20222 ERBALUNGA
20222 PORETTO
20223 PIETRACORBARA
20224 ALBERTACCE
20224 CALACUCCIA
20224 CASAMACCIOLI
20224 CORSCIA
20224 LOZZI
20225 AVAPESSA
20225 CATERI (I Cateri)
20225 FELICETO

20225 LAVATOGGIO
20225 MURO
20225 NESSA
20226 BELGODERE
20226 COSTA
20226 NOVELLA
20226 OCCHIATANA
20226 PALASCA
20226 SPELONCATO
20227 GHISONI
20228 BARRETTALI
20228 CAGNANO
20228 LURI
20228 PINO
20228 SANTA SEVERA
20229 À PARATA
20229 CAMPANA (A Campana)
20229 CARCHETO BRUSTICO
20229 CARPINETO (Carpinetu)
20229 MONACIA D'OREZZA
20229 NOCARIO (Nucariu)
20229 PARATA
20229 PIAZZOLE (E Piazzole)
20229 PIE D'OREZZA
20229 PIEDICROCE
20229 PIEDIPARTINO (U Pedipartinu)
20229 POLVEROSO (Pulverosu)

20229 RAPAGGIO
20229 STAZZONA (A Stazzona)
20229 VALLE d'OREZZA (E Valle d'Orezza)
20229 VERDESE
20230 BRAVONE
20230 ALISTRO
20230 CANALE DI VERDE
20230 CHIATRA
20230 LINGUIZZETTA
20230 PERO CASEVECCHIE
20230 PIETRA DI VERDE
20230 POGGIO MEZZANA
20230 SAN GIOVANNI DI MORIANI
20230 SAN GIULIANO
20230 SAN NICOLAO
20230 SANTA LUCIA DI MORIANI
20230 SANTA REPARATA DI MORIANI
20230 TAGLIO ISOLACCIO
20230 TALASANI
20230 VELONE ORNETO
20231 VENACO
20232 OLETTA
20232 POGGIO D'OLETTA
20232 OLMETA DI TUDA
20232 VALLECALLE
20233 MOLINE
20233 SISCO

20234 FELCE
20234 NOVALE
20234 ORTALE
20234 PERELLI
20234 PIAZZALI (I Piazzali)
20234 PIETRICAGGIO (U Petricaghju)
20234 PIOBETTA (Piupeta)
20234 TARRANO
20234 VALLE D'ALESANI
20235 BISINCHI
20235 CANAVAGGIA
20235 CASTELLO DI ROSTINO
20235 PONTE NOVU
20235 VALLE DI ROSTINO
20236 CASTIRLA
20236 FRANCARDO (Francardu)
20236 OMESSA
20237 CASABIANCA
20237 CROCE
20237 FICAJA
20237 GIOCATOJO
20237 LA PORTA
20230 POGGIO MARINACCIO
20237 QUERCITELLO
20238 CENTURI
20238 MORSIGLIA
20239 MURATO

20239 RUTALI
20240 ALZITONE (Alzitonu)
20240 CHISA
20240 GHISONACCIA
20240 MIGNATAJA (A Mignattaghja)
20240 ST-ANTOINE (Sant'Antoniu)
20240 LUGO DI NAZZA
20240 POGGIO DI NAZZA
20243 ISOLACCIO DI FIUMORBO
20243 PIETRAPOLA LES BAINS
(I Bagni di Petrapola)
20243 PRUNELLI DI FIUMORBO
20243 SAN GAVINO DI FIUMORBO
20243 SERRA DI FIUMORBO
20240 SOLARO
20240 TRAVO (U Travu)
20240 VENTISERI
20242 PIETROSO
20242 VEZZANI
20244 AITI
20244 CAMBIA
20244 CARTICASI
20244 ERONE
20244 LANO (Lanu)
20244 RUSIO
20244 SAN LORENZO
20245 GALERIA

20245 MANSO
20246 PIEVE
20246 RAPALE
20246 SAN GAVINO DI TENDA
20246 SANTO PIETRO DI TENDA
20246 SORIO
20247 ROGLIANO (Ruglianu)
20248 MACINAGGIO (Macinaghju)
20248 TOMINO
20250 CASANOVA
20250 CORTE
20250 POGGIO DI VENACO
20250 RIVENTOSA
20250 SANTA LUCIA DI MERCURIO
20250 SANTO PIETRO DI VENACO
20250 SOVERIA
20250 TRALONCA
20251 GIUNCAGGIO
20251 PANCHERACCIA
20251 PIEDICORTE DI GAGGIO
20251 PIETRASERENA
20252 BIGORNO
20252 CAMPITELLO
20252 LENTO
20253 BARBAGGIO
20253 FARINOLE
20253 PATRIMONIO

20256 CORBARA
20259 OLMI CAPPELLA
20259 MAUSOL (U Musuleu)
20259 PIOGGIOLA
20259 VALLICA
20260 ARGENTELLA
20260 CALVI
20260 LUMIO
20270 AGHIONE
20270 ALERIA
20270 ALTIANI
20270 ANTISANTI
20270 CAMPI
20270 CASEVECCHIE
20270 MATRA
20270 MOITA
20270 TALLONE
20270 TOX
20270 VACAJA
20272 AMPRIANI
20272 PIANELLO
20272 ZALANA
20272 ZUANI
20270 DIANA
20270 PIANICCIA
20275 BARCAGGIO
20275 ERSA

20276 ASCO
20279 VILLE DI PARASO
20287 MERIA
20290 BARCHETTA
20290 BORGO
20290 CAMPILE
20290 CASAMOZZA
20290 CROCICCHIA
20290 LUCCIANA
20290 MONTE
20290 OLMO
20290 ORTIPORIO
20290 PENTA ACQUATELLA
(À Penta Acquatella)
20290 PORETTA
20290 SCOLCA
20290 VIGNALE
20290 VOLPAJOLA
20290 VALROSE
20360 MAZZARETO
20600 FURIANI
20620 BIGUGLIA
20000 AJACCIO (2A)
20200 BASTIA (2B)

Éditeur :
Books on Demand GmbH,
12/14 rond-point des Champs Élysées,
75008 Paris, France

Impression :
Books on Demand GmbH, Norderstedt,
Allemagne

ISBN : 9782322223411

Août 2020

www.bod.fr